上司の「いじり」が許せない

中野円佳

講談社現代新書
2469

はじめに・いじりはハラスメントである

「いやいや、なんでもかんでもハラスメントと言うのもいかがなものか」

そう思われる読者の方が大半だと思う。私も確かにそう思う。ただ、セクハラ、パワハラ、虐待、DV……など、名前がつけられてはじめて、それまでもあった問題が問題と認識され、対策が打たれるようになる事例には枚挙に暇がない。だから、私も「いじり」がハラスメント=職場のいじめになることがあるのだということを世の中に広めたく、本書を執筆することにした。

いじりとは何か。『大辞泉』(小学館)によると「他人をもてあそんだり、困らせたりすること」。「客いじり」(漫才などの芸で、特定の観客と会話したり、舞台に上げたりして巻き込むこと)という言葉もあり、古くからある言葉ではあるようだ。

一方、いじめとは「肉体的、精神的に自分より弱いものを、暴力やいやがらせなどによって苦しめること。特に、昭和60年(1985)ごろから陰湿化した校内暴力をさすことが多い」。

いじめは絶対ダメでも、「いじり」と言うと、愛があるから許されるもの、仲間内でじゃれあっているもの、という軽い響きになる。

しかし、職場や学校のクラスメートといった閉鎖的な集団で、言い返したりいじり返したりすることが難しい関係性が固定化すると、本人にとっては非常につらいものになりえる。ひどい場合は死まで考えるようになる。

いじられている側が笑っていたり、自虐ネタを提供していたりする場合も多く、周囲にいじられ続けるしんどさが伝わりにくい側面もある。

「それはもはやいじめであって、『いじり』という表現でごまかすべきではない」という論の展開もできるのだが、そうではなく、あくまでも、「いじり」そのものの危険性について警鐘を鳴らしたい。

そこに加害者側の悪意や相手を傷つけているという認識がまったくないケースもあると考えられ、「そのいじり、大丈夫？」と言うだけで、はっとしてくれる、解決する、ということもあると思うからだ。

本書では、職場において、いじられる側が傷つくようないじりがはびこっている実態、構造に迫る。

本書を書くきっかけとなったのは、２０１５年12月25日に、同4月に電通に入社した高橋まつりさんが亡くなり、過労の末の自殺と労災認定をされたニュースを目にしたことだった。

私自身、長時間労働についての取材や改善に向けた講演やワークショップ等にかかわっていたなかで、まだこのような事件が起こっていたことに暗澹《あんたん》たる気持ちがした。その後、国を挙げて長時間労働への議論が急速に進んだことは歓迎すべきことではあった。

でも、高橋さんのTwitter（後述）などを見て、長時間労働さえなくせばいいのかというと、そうではない気がした。それを読んで感じたのは、言葉でのハラスメント、それも必ずしも厳しい叱咤だけではなく、もしかしたら加害者側にあまり罪の意識がないブラックジョークの中でかわされる「いじり」が人をむしばむ可能性だった。

そして、そこが社会的に問題視されていない限り、第二の高橋さんが出てもおかしくないのではないかと感じた。

彼女のつぶやきは、昨日や今日、友達や後輩がつぶやいていてもおかしくないような内容で、それゆえに今同じようなことに苦しんでいる予備軍が山のようにいるのではないかとゾッとした。

「まだ生きている人たち」。不謹慎だけれど、まだ生きている人たちにアクセスしなくては、と思った。それで、同じような「いじり」に遭っている人たちの経験談をFacebook

などのＳＮＳ、Skype、対面取材などで聞き取りしはじめた。

メンタルヘルスが浮き沈みする中で話してくれた人もいて、話を聞いたものの原稿を確認するのがしんどいと言われて、公開できなかった内容もあった。本当にひどいハラスメントの内容は、その詳細を書けば書くほど本人が特定されやすくなるので、文字になっていない。

それでも、直接声を上げることが難しい人たちの代弁者として、問題提起ができたら。そう思って取材を進めているうちに、気が付けば、高橋さんの友人にもTwitter等を通じてつながっていた。

取材を通じ、いじりは十分に人を傷つけ、メンタルを悪化させ、最悪の場合、死にも追いやることを痛感した。高橋まつりさんのご冥福をお祈りするとともに、もう二度と悲しい事件が起きないようにと祈って、この本を世に出したい。

※本書に登場する事例はすべて仮名です。個人の特定を避けるため、一部聞き取り内容を本人了承の上、加工しています。

高橋まつりさんのツイート

2015/10/31
部長「君の残業時間の20時間は会社にとって無駄」「会議中に眠そうな顔をするのは管理ができていない」「髪ボサボサ、目が充血したまま出勤するな」「今の業務量で辛いのはキャパがなさすぎる」わたし「充血もだめなの?」

2015/11/3
いくら年功序列だ、役職についてるんだって言ってもさ、常識を外れたこと言ったらだめだよね。人を意味もなく傷つけるのはだめだよね。おじさんになっても気がつかないのは本当にだめだよね。だめなおじさんだらけ。

2015/11/3
生きるために働いているのか、働くために生きているのか分からなくなってからが人生。

2015/11/12
がんばれると思ってたのに予想外に早くつぶれてしまって自己嫌悪だな。

2015/12/20
男性上司から女子力がないだのなんだのと言われるの、笑いを取るためのいじりだとしても我慢の限界である。おじさんが禿げても男子力がないと言われないのずるいよね。鬱だ〜。

2015/12/25に投身自殺

目次

はじめに・いじりはハラスメントである ―― 3

第一章　いじりの実態　何をいじるのか ―― 11

「愛あるいじり」はいじられる側にどう映っているか／職場でのいじりに「私だって傷ついてる」／何が「真っ黒」で何がグレーか／「関係性による」の危うさ／いじりのパターン／①容姿・体形いじり　「目が小さすぎ」「デブ踊れ」／②ファッションいじり　試着室で泣き出す女性たち／目をつけられないよう全身ユニクロ／髪を切ったことに触れるのはOK？／注意したいときはどうすべきか？／③プライベートいじり「童貞」「たくさん遊んでる」／唯一の既婚者、「夜の営みは」／④性役割いじり「『女子力』ない」お弁当批判／〈ケース〉アルハラといじり／セクハラといじり

コラム①　取引先によるハラスメント

第二章　いじりの効用　なぜいじるのか ―― 57

金融や営業でいじりが多いのはなぜか／新入りのための「通過儀礼」／学校現場での

「いじり」分析／マジョリティに取り込まれるマイノリティ／女性はダブルスタンダードを求められる／名誉男性として例外扱いをする／高学歴女性に対するマウンティング／社内政治が作る構造／一般職女性の機嫌を取る男性たち／「女の敵は女」の背景／〈ケース〉女が二人いると対立する？／いじりの論理

コラム② 日本特有のいじりのつらさ

第三章 いじりの構造 なぜ加速するのか ―― 85

感染し、増幅される「いじり」／「怒るのはサムイ」の刷りこみ／キャラを演じる世代／「空気を読む」若手たち／自ら加担してしまう生存戦略／例外戦略は機能しているのか／セクハラ、下ネタOK／「仕事で見返す」ことはできるか／「自意識過剰かも」「自分が弱いせい」の自責／さらなるいじりへの恐れ

コラム③ いじり文化では女性管理職は増えない

第四章 いじりの帰結 何をもたらすのか ―― 111

いじりが心身を削る／最悪のケースとしての自殺・自殺未遂／高橋まつりさんに自ら

を重ねる女性たち／〈ケース〉高橋まつりさんに共感する女性たち／ドクターSTOPで休職／元気づけようとキャバクラへ／職場から心理的距離／家族にできることの限界／声を上げず、静かに離職していく被害者たち／〈ケース〉「いじり」のつらさは感情の否定／メンタルヘルスへの影響の男女差／女性のほうがダメージが大きい可能性／女性特有のメンタルヘルス／男性のほうが口にしていない可能性

コラム④　男女対等世代に「女性性」を求める理不尽

第五章　いじりの対策　どうしたらいいのか　147

「いじり＝ハラスメント」言語化の意義／学校現場でのいじり対策／職場のいじめ問題／職場いじめへの認知／職場での「いじり」はパワハラに入るか／加害者、周囲の方へ　まずは認識を／被害者の方へ　声を上げていい・逃げていい／企業（経営者・管理職・人事）の方へ　真のダイバーシティマネジメントを

コラム⑤　声を上げるということ

あとがき　174

第一章　いじりの実態
何をいじるのか

「愛あるいじり」はいじられる側にどう映っているか

「いじり」についての取材をはじめ、最初にいだいた感想は、次のようなものだった。

「それって、今の日本？　20年とか30年前じゃなくて？」

「企業としてはダイバーシティとか言ってるけど、その職場大丈夫……？」

正直なところ、驚きを隠せなかった。１９９７年には男女雇用機会均等法の改正によって、企業にはセクハラ（セクシャルハラスメント）配慮義務が法制化（１９９９年施行）された。２００６年にはさらにセクハラ防止措置が企業の義務となっている（２００７年施行）。

パワハラ（パワーハラスメント）という言葉も浸透している。これを読んでいるあなたも、おそらくコンプライアンス研修、セクハラ研修などを何度か受けたことがあるに違いない。

それでも、ハラスメントとしか思えない「いじり」が、日常的に起こっている。中にはひどいセクハラも多い。さすがジェンダーギャップ後進国[1]だけある。女性活躍推進法施行などを受け、「女性管理職を増やす」と目標を掲げている企業は多いが、その前に、最低限のハラスメント環境を正すのが先決だと感じた。

ただ、私自身、この取材をしながら、「マジで！　ひどい！」「ありえない、そんな上司」と一刀両断する前に、少し立ち止まる必要があった。私が話を聞いているのは被害者側で、彼女たちの説明する背景と状況、そして受け止め方からすれば「マジで！　ひどい！」「ありえない」になる。

だが、反対側、つまりハラスメントと思われる言動をしている側から見た風景はどうだろうか。おそらく問題が深刻なのは、「いじり」をしている側は、している認識がない、相手が傷ついているなど想像にも及んでいないということだ。

場合によっては「愛あるいじり」と良いことをしているつもりすらあるかもしれない。「いじり」の名のもとに、それがハラスメントであるということから免罪されているように見える事例も多い。

1　「世界経済フォーラム」が公表している「ジェンダーギャップ指数」で日本は世界144ヵ国中114位（2017年版）。男女格差の度合いを示し、国会議員と閣僚の女性比率や女性管理職の占める割合がとくに低い

職場でのいじりに「私だって傷ついてる」

ある大手メーカー子会社に総合職として就職し、営業に配属されたアキナさん（25歳女性）は、入社1年目からの扱われ方を次のように話す。

男と同じレベルで負けないように働けっていうのを言われる一方で、夜の飲み会では、その頑張ってる様子を非難される。同期の男子と張り合ってるところが痛い、女らしさがないよなみたいなことを言われちゃうんですよね。

総合職である彼女にとって、同期の男性と仕事の上で比較されることは苦ではない。

たとえば同期の男子で、「あいつはここまでやってる、お前はどうなの？」みたいなのはモチベーション高めるために言われます。それは男だからとか女だからとかではなく人間として扱ってもらってる感じはあります。

しかし、社内の飲み会を中心に、「女性」として別のことを期待されていると感じる。

一つ上とか二つ上の先輩の女の人と比べて、「お前はAとかBに対して女として勝っているとこが一つもないよな」とか、「女子力がない」って言われます。女性の先輩の目の前で言われることもあります。「こいつらはかわいいけどお前は……」って。（A先輩とかB先輩とかは）確かにきれいな女性で。女として、なんでしょう、夜の飲み会もこなせるような方々で。飲み会の場では、まぁホステスみたいなことを求められてるのか……分からないですけど……。

たぶん気に入られてる女の先輩たちは、「X課長好きですよ」みたいなことを平気で言えるような人たちなので。上司に、飲んでた時に一回「お前がエロくないから俺のやる気がでない」って言われたことがあります。

お酒が入っていたとはいえ、上司は部下の女性に一体何の役割を求めているのか。アキナさんは、そんな中で、かわいい女の子路線やセクシャルな方向を避けるために「芸人キャラ」を演じ、〝コイツには何を言ってもいい系女子〟〝いじられキャラ〟の道を進んでしまう。

他の課の課長に「お前はブスだから話しやすいよ」って言われたこともあります。笑う

しかない。そういうときは、ニコニコ笑って、「何言ってるんですかー」みたいな感じでちょっと小突いて終わりみたいな感じにしています。

同期の女の子と比べて、「Cちゃんはこういうこと言ったら泣いちゃうからさ」と言われる。でも内実は、「私だって傷ついてる」とアキナさんは語る。

言われる言葉が1週間に1回くらい、度を越したものがあるんですよ。ブスとか。そういうこと言われたときに、私の今までの態度が間違ってたとか考えるようになりますね。そのあと1週間くらい落ち込んで。それ以外の時も嫌な気持ちはあるんですけど押し殺しているというか感じないようにしています。

たまに「こんなひどいこと言われましたもんね」とネタにして反撃することもあったというが、彼女はその後、「線路に飛び込みそうになった」というまでに、メンタルを病んでいく。

自身のキャラ設定という戦略、メンタルの問題については第三章以降でも掘り下げていくが、ここで気になったのは、彼女がここまで思い詰めていることに、発言をした当の上

図１・社内の宴会で女性のお尻を触る

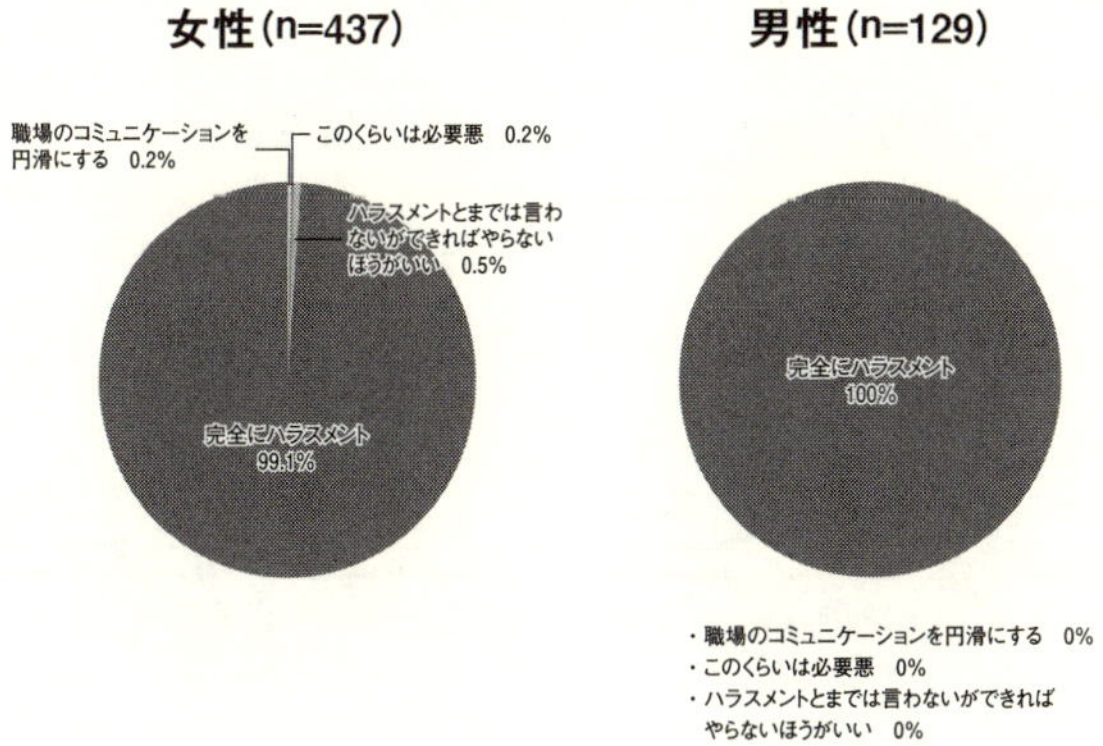

司や同僚たちはほとんど気付いていなかったであろうことだ。

何が「真っ黒」で何がグレーか

２０１７年６月、様々な職場での言動について「ハラスメントと感じるかどうか」の認識をFacebook等を通じてアンケート調査した（以下、「ハラスメント認識調査」）。有効回答数は５６６人。回答者の77％が女性、23％が男性。世代は30代が64％と過半数を占め、20代が16％、40代が17％、50代以上が残り３％。

Facebookで当初友人にシェアをしたので、30代女性が圧倒的に多く、また男性の回答者も比較的ハラスメントに対する感度が高い人が回答してくれている可能性があり、偏

図２・飲み会の席で別の女性の容姿を褒めて「それに比べてお前は…」と女性の外見や服装を批判する

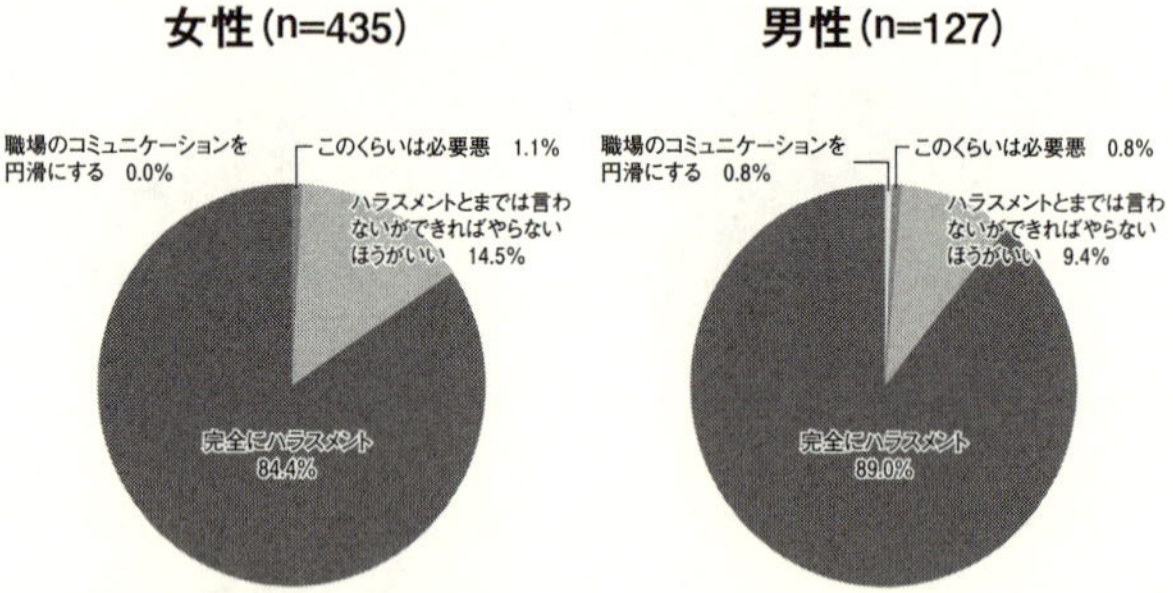

った調査であることは認識している。しかし、男性にも１００人以上にお答えいただき、今の若手や中堅の働き手の感覚が投影されているのではないかと思う。

ここからわかったのは、まず、男性が女性に「直接触る」行為はほぼ１００％の男女がハラスメントだと認識しているということだ(図1参照)。

また、アキナさんのエピソードから作成した項目、「飲み会の席で別の女性の容姿を褒めて『それに比べてお前は…』と女性の外見や服装を批判する」(図2参照）については男性89％、女性84％（男女の有意差なし）が「完全にハラスメント」と答えており、「ハラスメントとまでは言わないができればやらないほうがいい」も含めると男女とも99％近

図3・自虐ネタを自ら口にしている女性に「緊張しないで話せるからお前がブスでよかった」

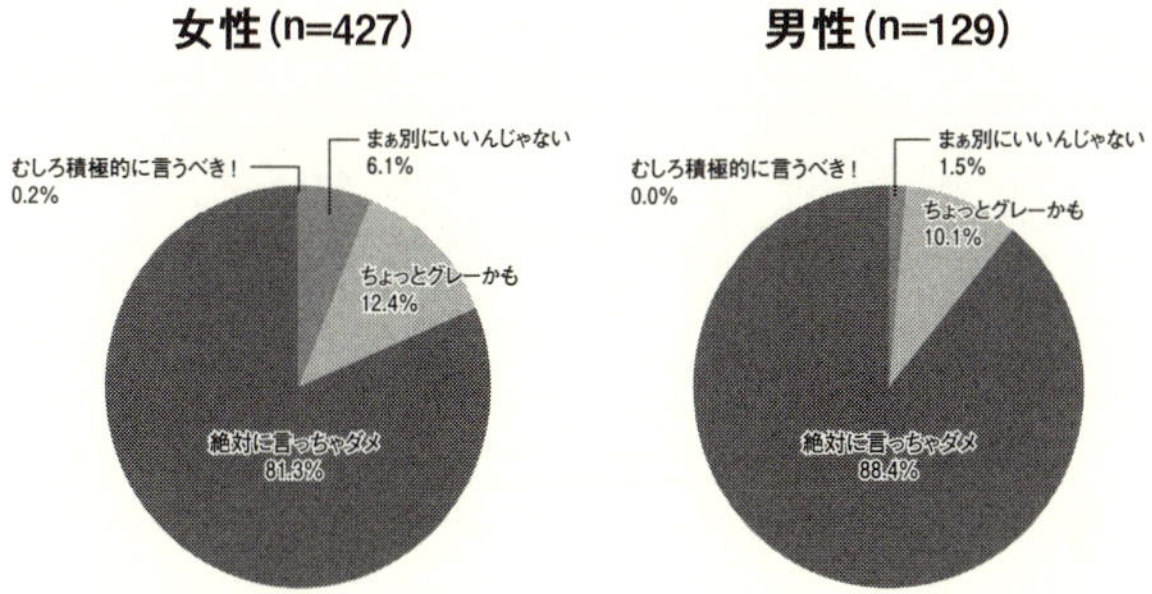

くが黒またはグレーと判断している。

「自虐ネタを自ら口にしている女性に『緊張しないで話せるからお前がブスでよかった』と発言すること（図3参照）についても、男性88％、女性81％が「絶対に言っちゃダメ」と感じている。

セクシャルな役割を求めるのはアウト。セクシャルな役割が期待できないときに、たとえ本人が自虐ネタを口にしていたとしても、それでいじるのは今の世の中的にはアウトだと感じる人が多い。

しかし、この項目については「まぁ別にいいんじゃない」と考えている女性が6％、男性も2％と少数ながらいた（男女の有意差なし）。また、多くの自由記述で「二人の関係性による」というコメントがあった。

図4・社内の宴会で男性に上半身裸になることを求める

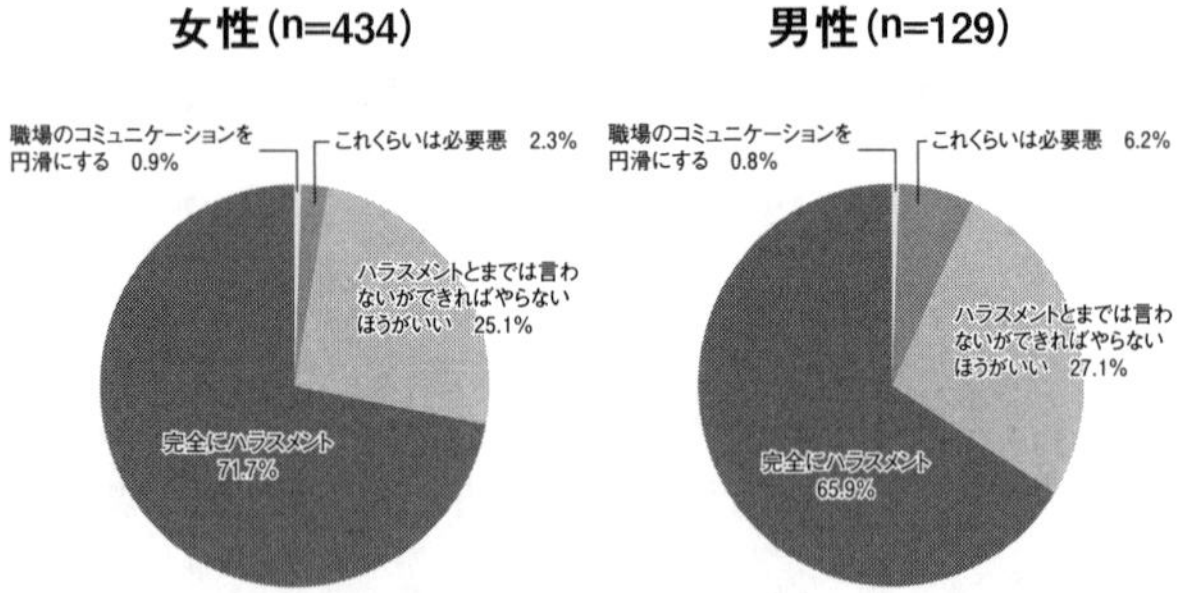

男性に対するいじりはどうか。「社内の宴会で男性に上半身裸になることを求める」（図4参照）については、女性の72％が「完全にハラスメント」と答えているのに対し、男性は66％（男女の有意差なし）。男性の6％、女性の2％は「これくらいは必要悪」とも回答している。

自由記述には「本人が望むなら」「積極的に脱ぎたがる男性もいるから」とのコメントがあった。しかし、それは本当に望んでいることなのか、やらざるをえない状況に置かれていないか。判断は実は難しいのではないだろうか。

「飲み会の席で男性に『お前童貞だろ』」と言うことについては、有意に男女差があった（図5参照）。男性のほうが「まぁ別にいいんじゃない」が23％と、女性の7％に比べて許容度が

図5・飲み会の席で男性に「お前童貞だろ」

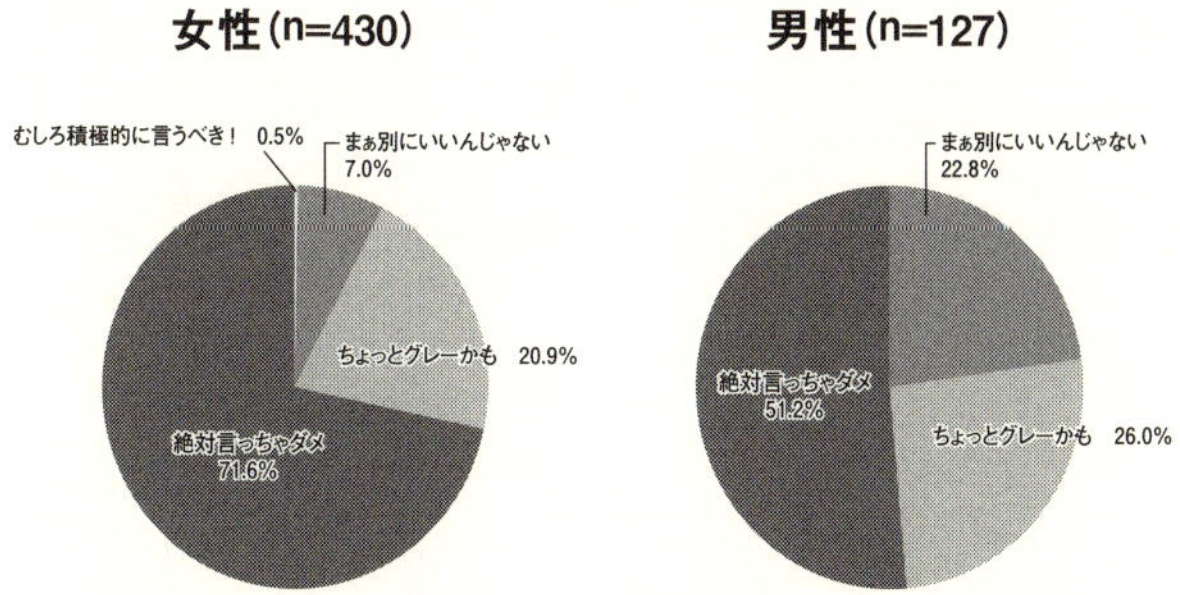

高い。

ただ大事なのは言われる本人が不快に感じるかどうかであり、アンケートで許容度が高いから許容すべきだという話ではない。男性でも51％、女性も72％が「絶対言っちゃダメ」と感じている。自由記述では「関係性による」「キャラによる」「誰の目にも冗談になる相手か、それを気にしてそうな相手かで意味が違う」「本当に童貞っぽい人には絶対言っちゃダメ」というコメントがあった。

「関係性による」の危うさ

アンケート全体についても、次のような自由回答が複数寄せられた。

同じ発言でも相手との信頼関係や上司のキャラクター、言い方で印象は変わると思いました。（30代

女性）

どの項目も、結局は言う側と言われる側の日々の関係性や信頼度によってセクハラにもなりうるし、ならずに済まされることもありうるなと感じました。（40代女性）

「状況による」「関係性による」。そう、確かに状況や関係性によることもあるかもしれない。だが、その関係性の認識が双方で異なる場合があるのがいじりやハラスメントの難しいところだ。

いじる側が「俺とお前の仲だからいいよな」「この子なら何言っても許してくれる」と認識している同僚あるいは上下関係が、いじられる側からすれば「気心知れた友達にだって言われたら傷つく」「どうして上司にそこまで言われないといけないのか」となっていることがある。

いじる側になったことがある人は、アキナさんのケースを読んで、「俺とお前の仲だから許される」「本人も進んでやってるんだ」と思っている関係性や状況が、相手にとっても同じであるという自身の認識に、本当に自信を持てるだろうか。

いじりのパターン

職場で起こっているいじりのパターンを分析すると、①容姿・体形について、②服装などファッションについて、③彼氏・彼女がいる・いない、およびその相手との性行為などのセクシャルな話、そして特に女性に多いが、④性役割について、などが大半の「ネタ」になっている。順にみていこう。

①容姿・体形いじり 「目が小さすぎ」「デブ踊れ」

労働政策研究・研修機構の「妊娠等を理由とする不利益取扱い及びセクシュアルハラスメントに関する実態調査結果」（２０１６年発表）でセクハラ被害を受けた内容として回答が最も多いのは「容姿や年齢、身体的特徴について話題にされた」（53・９％）である。

大手銀行に勤めるナギサさん（31歳女性）は２００９年に総合職で入行。営業店では日常的に隣の一般職女性と容姿を比較され「××さんは髪巻いて綺麗にしてるのに」「目が小さすぎて見えない」「歯が出てる」「メイクが薄い」などと言われていたという。

さすがに後輩男性は言ってこないですが、同期から先輩まで結託して言ってくるんです。

ナギサさんが本部配属になったときには同じ部署に総合職女性の先輩がいたが、彼女の扱いはひどいものだったという。

その先輩はいじられやすいキャラで、社内だけではなく社外の初対面の人にも「ブサイク」「お前と飲んでてもおもしろくないから、もっと綺麗なの連れてこい」とか言われたりしていて……。その方は、その場ではへらへら笑ってるけど、あとで泣くんですよ。

こうしたいじりは、総合職の女性を受け入れる仲間意識の裏返しなのではないか。そのように聞くと、ナギサさんは件《くだん》の先輩女性の受けていた処遇について苦々しく語った。

んー、でもそれで仲間に入れてくれるかというとそうでもないんですよ。確かにいざとなったときに仕事で助けてくれる人もいます。でもその女性にネタになりそうにないというか、おいしくない仕事を投げて、うまくいかないと「俺がやってたらもっとうまくいってた」とか言う人もいて。

だからほとんどは「愛あるいじり」という風には見えない……。一見いじられて喜んで

るように見えるかもしれないですけど、彼女が泣いてる姿を週に何度も見ました。私ぐらいにしか涙は見せられなかったと思います。

なお、女性に対しては、美人、スタイルが良いなどと褒めていたつもりでも、仕事の内容で評価されたいと思っている女性は「外見しか見てもらえていない」と不快に感じることもある。基本的に容姿と関係のない仕事の場では、外見についてのコメントは避けた方がいい。

男性の場合は、体形についてネタにされることが多い。書面アンケートに回答してくれた金融機関勤務のトオルさん（42歳男性）は、1999年入社時から30歳になる頃まで、身体的特徴を再三にわたりからかわれている。

私が太ってることもあり、職場の上司や先輩たちには「デブ」と呼ばれていました。夕方残って仕事をしてるとデブは暇だろうと言われて無理やり飲みに連れていかれました。「デブ踊れ！」と言われて踊らされたり。当時はビールを少し飲む程度だったのですが、必ず日本酒等を飲まされ、酔っ払って気持ち悪くなって吐いたりしてるのを見て笑われました。

社会人の場合は無理やり飲ませる、その場で宴会芸を求められるなどのアルハラ（アルコールハラスメント）といじりが状況を悪化させる。

服を脱がされて、「やめてください」と言うと脱がされ方がうまい、面白いと何度もやらされ……。結局終電がなくなっても帰してもらえずにタクシーで帰り、翌日出社すると「なぜ仕事が終わってないんだ」と怒られる始末。金銭的にもかなり痛い日々でした。

当時、咳《せき》が半年以上止まらなくなり、片耳が聞こえにくくなったという。しかし病院では様子を見るようにとしか言われず、先輩たちにも「そんな程度で休むな」と言われた。年の近い先輩に相談したこともあったが、「愛されてる証拠」「若いうちにバカにならない奴は使い物にならない」と言われ、他の同期が一度もいじられていないと扱いの差を訴えると、「キャラが違うんだから」と一蹴された。

トオルさんの場合も、加害者側には罪の意識が薄いようにみえる。当時の先輩たちは20年近く経ち、トオルさんがトップ営業マンとなった今でも、「デブ！　ちゃんと仕事してるか！」と当時と変わらない接し方をしてくるという。

トオルさんは「精一杯明るく振る舞いながら頑張ってついて行っていました。サラリーマンとはそういうものだと教えられていたからでしょうか。仕事場では先輩たちに教えてもらわないと生きていけないと思っていたから、生きる為に必死でした」という。

②ファッションいじり　試着室で泣き出す女性たち

容姿・体形などに加えて、外見でよく「いじり」のネタになるのは、服装である。信用金庫に総合職として勤めるヒカリさん（31歳女性）は、学生時代にアパレル店舗でアルバイトをしていたという。

スタッフとして、一人ひとりお客様について回るんですけど、OLの方が泣くんですよ。フィッティングルームで二人になるじゃないですか。そこでいろいろ着ていただいて、褒めるのもお仕事ですよね。そうすると、「会社でとにかく上司にけちょんけちょんに服装を言われてつらいから来ました」って言って泣き出すんです。

上司に『VERY』[2]見せられて「こういう格好したらいいんだよ」と言われたとかで

2　女性ファッション誌／光文社

『VERY』持ってきたりとか。当時大学生の私は「えっ？　それは頭に来るだろうな」と思いつつ、じゃあ同じコーディネートにしますかと聞くと、「上司に言われて買ったみたいなのは嫌なので、他のにします」とか。「そうですよねー」みたいな感じで。

こうした事例に遭遇したのは、一人や二人ではないという。ヒカリさん自身が働きだしてからも、女性が外見について指摘される場面に違和感を覚えた。ヒカリさんの後輩が入ってきた2011年ごろからのこと。

営業だと男性的側面を出さないと頑張れないと思うんですけど、「女性らしくしてないからダメなんだ」とか言われるんです。うつ病になっちゃった総合職の後輩女性がいるんですけど、彼女は気にしすぎて、休憩時間にリキッドファンデーションをメイクしてる顔の上に塗り直したり、休み時間に髪の毛を巻き直したりとかしてて。朝も朝ごはん食べる時間を削ってメイクしてると言っていました。

そもそも男性と同じ営業や長時間労働をこなす上で、体力的にきついと感じる女性もいるだろうが、それに加えて、メイクや髪形、ファッションに時間を割いていれば睡眠時間は男性よりも少なくなる可能性が高い。

目をつけられないよう全身ユニクロ

しかし、外見に気を遣おうとしはじめると、次に立ちはだかるのが同性の目だ。

ヒカリさんの職場は、基本は制服に着替えるというが、家から着てくる私服について「ブランドものを着ていると一般職のお姉さんから言われるから、家はお金持ちなんだけど全身必ずユニクロという子もいました」という。

私自身ユニクロは愛用しており、またユニクロがおしゃれではないと言うつもりはないが、この、働く女性の〝目を付けられないための全身ユニクロ現象〟は、私も事例を知っている。

東大卒でメディア系企業に勤めるアイリさん（25歳女性）も、基本的にユニクロの無地の洋服で全身を固めている。若手で仕事量が尋常ではなく、男性たちからのいじりも多い。そんな中で、次のように話す。

さらに女の先輩に目を付けられたら終わりなんで。一度柄が入ったパンツをはいていたら「何おしゃれしてんの」みたいなこと言われて、それもユニクロだったんですけど……

それ以降無地しか着ません。おとなしい格好で目を付けられないように。

アイリさんの場合は職場で「女性らしくしろ」とは言われないという。しかし、かえって女性らしさを出せないと感じる。もともと可愛い服も好きだしおしゃれに興味はあるほうだ。女子校出身でサバサバと言いたいことを言うタイプだったが「それと女らしさは別で両立すると思うんですが、捨てたつもりもないのに、いつのまにか女捨ててるキャラになってました」と語る。

自分で選んだ道ではあるものの、一般職の子はキラキラしてて17時とかに帰って、可愛くしてるんですよね。自分は徹夜明けで化粧とかもしてないわけで。「目、開いてないけど大丈夫?」とか言われて「一応これでも目開けてるんです、大きさの問題です」とか言って……女性としての尊厳を失っています……。

総合職と一般職の比較がなぜ起こるのかについては第二章でも分析するが、アイリさんの「尊厳」という言葉が重い。

男性よりも自由な服装がしやすい、しかしスーツの男性が多い職場では悪目立ちもして

図6・毎日女性社員の服装にコメントをつける

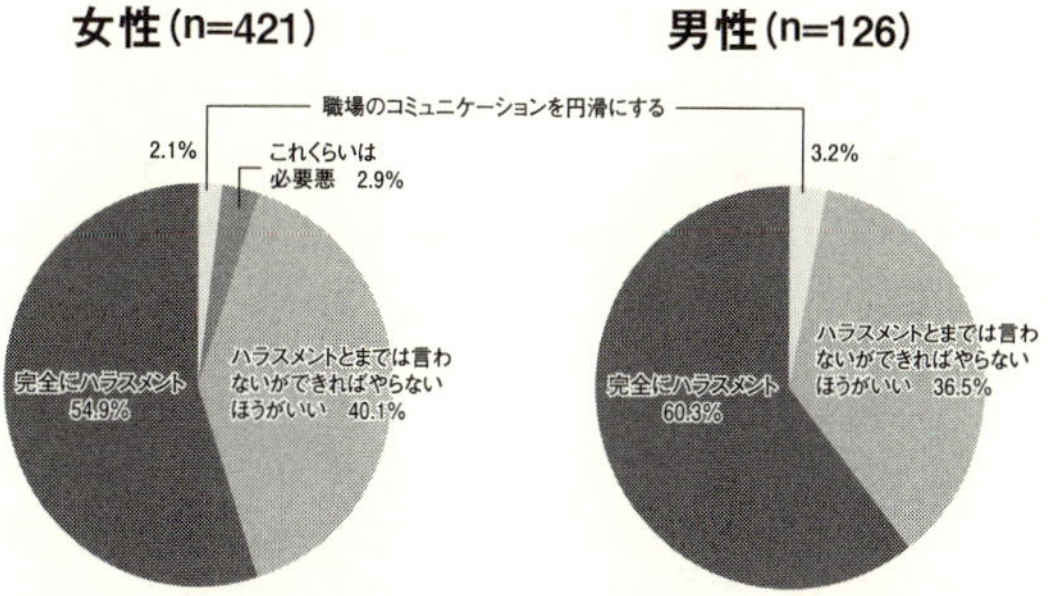

しまうのが女性の服装や外見だ。私自身、毎日差しさわりのないパンツスーツを着ていれば「いつも同じ服着てるよね」「スカートはかないの？」と言われ、ちょっと柄を取り入れれば「それパジャマ？」「どうしたの？」と聞かれ、げんなりしたことが何度もある。

結局何を着ても何かしら言われるのだから気にするだけ無意味だということ、誰に何と言われようと似合う服を着て自信を持っていればいいということに気づくまでに結構時間と服を無駄にした。

髪を切ったことに触れるのはOK？

前述の「ハラスメント認識調査」で、最も意見が割れたのが、服装へのコメントに対する認識だった。

まず、毎日のようなファッションチェックは男女

図7・いつもパンツスーツの女性が
スカートをはいてきた日に
『今日デートなの？』

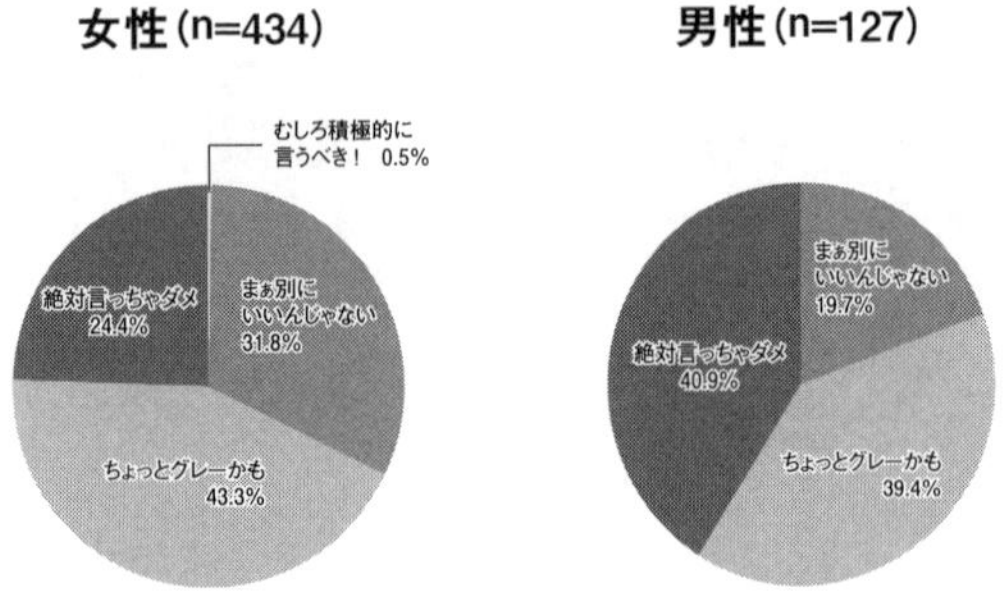

ともに5～6割が「完全にハラスメント」と回答しており、「できればやらないほうがいい」まで含めるとNGと認識する人がほとんどだ(図6参照)。

また、プライベートに結びつけることや「色気」などのセクシャルなワーディングは避けるべきだ。

たとえば、「いつもパンツスーツの女性がスカートをはいてきた日に『今日デートなの?』」(図7参照)。男性は41%が「絶対言っちゃダメ」、39%が「ちょっとグレーかも」。一方、女性のほうは「ちょっとグレーかも」が最多の43%で、次が「まぁ別にいいんじゃない」(32%)、「絶対言っちゃダメ」(24%)と続く(男女の有意差あり)。つまり言われる側の女性の方が反応は割れている。自由回答のコメ

図８・髪形を変えた女性に対し
『イメチェン？　いいね』

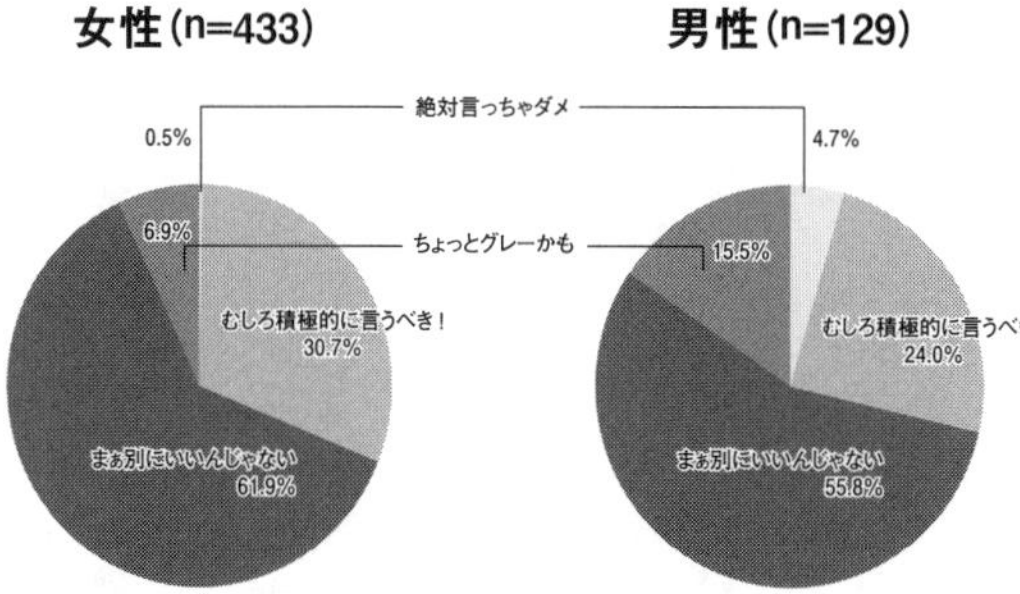

ントには次のようなものがあった。

「今日スカートなんだね」くらいの反応はありだけど、いきなりデートに結びつけるのは気持ち悪い。（20代女性）

スカートにコメントするのはともかく、デートと結びつけて想像するようなコメントがいやらしいしダサい。（50代女性）

言う相手との信頼関係や、彼氏の有無などによる。（40代男性）

普段から仲が良く、清潔感のある人からなら可。（20代女性）

一方、「髪形を変えた女性に対し『イメチェン？　いいね』」（図8参照）。こちらは、女性の62％が「まぁ別にいいんじゃない」で、31％もが

「むしろ積極的に言うべき！」と考えている。男性では「まぁ別にいいんじゃない」が56％、「むしろ積極的に言うべき！」も24％もいる（男女の有意差あり）。

自由回答では「海外なら普通に褒めるところでは？」「言われる人による」などのコメントがあった。

服装や外見についてのコメントは、言い方と人間関係によっては、むしろコミュニケーションを円滑にするものと捉えられる側面がある。ただ、嫌だと思う人もいる。前節で書いたように、関係性について一方的な自信を持つことは危険だ。

注意したいときはどうすべきか？

一方で、特に異性から見たときに、不適切と考えられる服装を着てきた人がいたらどうするか。こうしたときに指摘していいのか、どのように指摘するべきなのか悩む管理職もいるかもしれない。

たとえば、「スカートが短すぎて目のやり場に困る女性に『もう少しTPO考えて』」と伝えたいとき（図9参照）。アンケート回答者から寄せられた自由回答のコメントが参考になる。伝え方は難しいとは思うが、からかったり、プライベートに結びつけたりせずに、あくまでも仕事上の指導として伝えるのがよさそうだ。

図9・スカートが短すぎて目のやり場に困る女性に「もう少しTPO考えて」

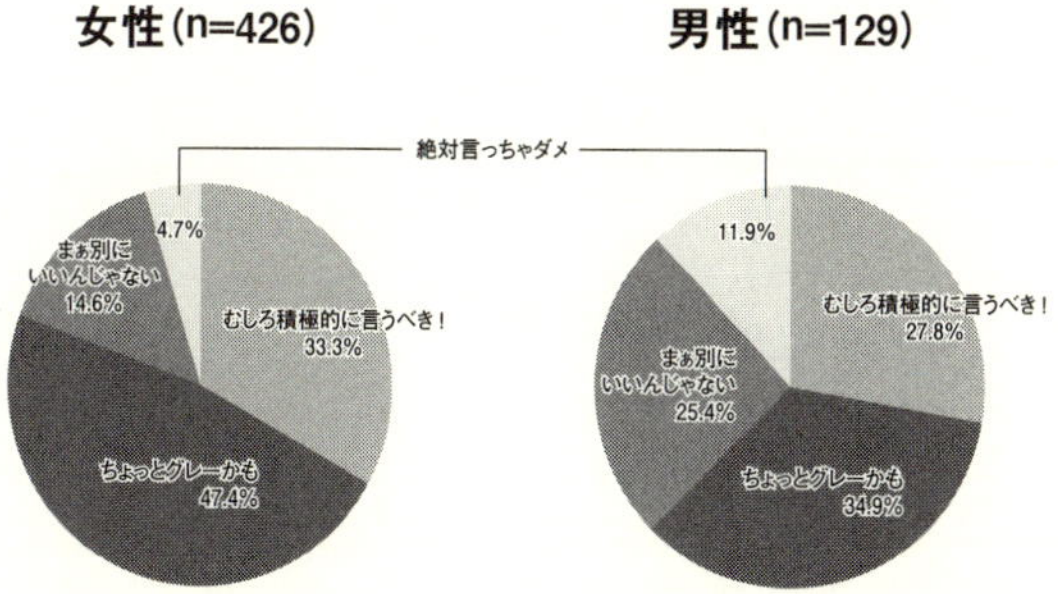

本当に職場にそぐわないのであれば、本人のためにも言うべき。（30代女性）

他の人がいないところで個人的に仕事上のアドバイスとして言うかも。普段はいいけど、お客様の気が散ってしまうような場面のミニスカはNGよ、とか。（40代女性）

マネージャーとしての業務生活指導ならアリ。（30代男性）

他の人がいる場でからかうために言うのか、マネジメントの一環として個別にフィードバックするのかで違う。（40代女性）

状況次第。常識を著しく逸脱する服装であれば男女問わず指摘することはありえる。（30代女性）

同性であれば積極的に指摘すべき。（40代女

性）

人事や風紀担当を通して伝える。（30代男性）

クールビズなどもだいぶ広まっているものの、それでも日本のビジネスマンたちにとってスーツという「制服」は時に苦痛だろう。女性は、男性に比べれば、職場でも服装の自由が許されている面がある。しかし、それゆえに、服装についてのハラスメントに遭いやすい。女性らしくあれ、女性らしさを出しすぎるな……女性たちは両極端のメッセージを時に過剰なまでに投げかけられている。

本当は仕事をする上で指摘してもらった方がいいことも中にはあるかもしれない。しかし、それは「いじり」として行われるべきではない。

③プライベートいじり　「童貞」「たくさん遊んでる」

容姿・体形に加え、飲み会の場でいじりのネタになるのが、特にセクシャルな内容を含むプライベート面についてだ。男性でも不快に感じているケースは多い。

2017年に新卒で出版関係の企業に入社したヒロアキさん（23歳男性）は、30代女性に「彼女いないの？」と聞かれ、「いたことがない」と言うと怪訝《けげん》な顔をされた。

飲み会になるごとに、彼女がいたことがないとか童貞だとか「そういう話題」になります。僕が所属する本部の飲み会兼パーティーにおいての〝他己紹介〟で、先輩男性に「そういう話題」を不特定多数に知らされたので、不愉快です。30代女性に言われたことも嫌でしたが、飲み会になると毎回のように言われるということに違和感を覚えます。

一方、ヒロアキさんの別の同期は「昔はチャラかった」「実はクラブで……」等と噂《うわさ》を流されているという。結局、彼氏・彼女がいてもいなくてもその職場では新人をいじるのが半ば慣習化しているのだろう。

銀行勤務のミカさん（28歳女性）は20代半ばのころ、彼氏がいたが、「飲み会で必ず恋愛話をいじられるので、めんどくさくて隠していました」という。

隠していると（隠して）いるで、「なんで彼氏がいないんだ？　会社の○○とかどうだ？」と言ってくる。こちらとしてはあまりひどい言い方もできないため、「私なんかじゃ釣り合いません――」と思ってもいないことを言わざるを得なかったり。「合コンしてないのか？　どうせ男とたくさん遊んでるんだろ」など。飲み会のたびに言われました。

管理職からいじられると、下手に返せないため、笑って誤魔化すことが多かったです。飲み会のたびに同じようなことを言われるので、話題ってこんなことしかないのかとうんざりしました。同僚の女性と愚痴を言い合っていましたがやめてもらう方法もわからず、飲み会に行くのが億劫《おっくう》になりました。

その後は「面子《メンツ》をみてめんどくさそうであれば断る」「安全そうな人の近くに座る」などの対策を取っていたという。

唯一の既婚者、「夜の営みは」

独身はターゲットになりやすいが、逆のシチュエーションもある。

タカユキさん（36歳男性）は、２０１５年、大手出版関係企業に中途採用で入社。独身男女の多い部署に配属された。歓迎会で唯一の既婚者であるタカユキさんは質問攻めにあった。

「奥さんとどこで出会ったんですか？」「なれそめは？」といった質問まではまだよかったが、ベテラン女性から「ところで奥さんとは夜の営みはどれくらいのペースであるの？」と聞かれた。

「そんなん答える必要もないというか答えたくないというか、それとなく受け流すような会話をしていた」が、猫を飼っていると言うと今度は別の男性に「その営みを猫が見てたりするわけ?」と畳みかけられた。

そのときどきは、どーしょうもないなと思い、ハハと受け流していたんです。これくらいのことで怒ったりするのも大人げないかなと思ったり……。子どもの頃からいじられること自体は割と慣れている方だったんですけど、夫婦関係について聞かれるのは、妻のことも侮辱されてるようで嫌でしたね。

その後も折に触れていじられた。もともと女性と話すのが苦手でどもることがあるというが、それをおもしろがって真似されることなどがあり、入社半年ほど経って体調が悪化した。

(職場が)関西なので、なんでも笑いに変えてナンボみたいなところあるんですけど、いじりって、いじる人といじられる人の信頼関係があって成立するものですよね。たとえば夜の営みにしても、親しい友達に聞かれたら「お前何言うてんねん」と突っ込んだりで

きたけど、知り合って2週間とかの人に言えないいじゃないですか。

タカユキさんの指摘するとおり、「いじり返せる」「突っ込める」かどうかは重要だ。第二章で詳述するが、多くのいじりハラスメントは新参者やその場におけるマイノリティに対して行われ、いじられる側の切り返しが難しいケースが非常に多い。

④性役割いじり　「『女子力』ない」お弁当批判

若手時代を脱すると「いじり」が終わるかというと、そうとは限らない。特に女性の場合、結婚すれば「料理とかできんのか」、結婚しなければ独身いじり、妊娠すればマタハラ（マタニティハラスメント）、子どもを生んだ後も働き続けようとすれば「子どもが可哀そう」、子どもを生まなければ「いつ生むの？」……そして年齢を重ねればオバサンいじり……と際限がない。

ただでさえ仕事と家庭の両立に悩む環境にある女性たちが、職場でも「女性だから」という理由で何らかの役割を負わされてしまう状況が日本にはまだあり、それはセクハラの範疇《はんちゅう》に収まらず、「ジェンダーハラスメント」（性役割の強要）とも呼ばれる。

女性に仕事と関係なく料理の腕前などを求め、それと年齢や結婚を絡めたいじりは多い。通信系企業の営業職のユキナさん（33歳女性）は、3年ほど前にいた部署でよくいじりに遭ってきた。

30歳の頃、営業女性では私が一番年上だったので、基本オバサンいじりを受けていました。「もうお前もいい年なんだからさー」が常に接頭語でした。そのくせ女だと認識されていたので、冗談のふりをして飲み会で触られたり、タクシーやカラオケの別室に連れ込まれそうになったりしたことは数知れずあります。それをスナックのママ的にうまく受け流すことが求められており、真顔でやめてください！　なんて言おうものなら場の空気がシラけ、「空気を読めない人」になる感じがしました。

ユキナさんが30歳を過ぎると、28歳前後の後輩がいじりのターゲットになりはじめる。

大量採用世代だったこともあり、結婚する子しない子がちょうど分かれるタイミングで、彼氏のいない子は交際ステイタスを根掘り葉掘り聞かれ、SNSに載せる料理の写真や服のセンス、立ち振る舞いについていちいちいじられ「こういうところがダメなんだよ～」と指摘されていました。

ユキナさんは、後輩をかばおうとしたが「空気を読めない人」にならないよう、自分を卑下してネタを提供しはじめてしまう。

自分を卑下して話をすり替えたり、女芸人並みに身を挺してダメなエピソードを発表したりしてきました。相手は35歳から55歳くらいの男性ですが、勝ち組だと自己認識している女の子達も「まだ独身ってやばくなーい？」という感じで、男性と一緒にいじってくるのをよく見かけました。

ここでユキナさんは、あくまでも職場の雰囲気を壊さないことを非常に重視する。「適当にこなしている方が明らかに可愛がられ、飲み会にも呼ばれ、結果的に案件を回してもらえたり調整がうまく進んだりするので、そういう生き延び方を選んだだけなのかもしれません」と振り返る。

自身のことは「女芸人的な体を張った対応が染み付きすぎて、息を吸うように何の苦もなくできるようになった」と形容するが、後輩女性のことは次のように心配する。

いつからか世代交代して、後輩たちがいじられるようになったのですが、自分がいじられているとハッキリ認識している子は少なく、まして傷ついていることに気づいている子は更に少数だと思います。冗談なのに真に受けるほうが器小さいよね、メンタル弱すぎだよね、と自分を誤魔化しているような。それでも毎日毎日の小さないじりがボディブローのように効いていて、気づけば自己肯定感が擦り減っているのではないかと、彼女たちの言葉の端々から感じています。

女性にのみ特定のあり方を求めるいじりとして最近は「女子力」という言葉もよく用いられる。アンケート回答者のマミさん（小売業・24歳女性）は職場でお弁当のおかずや色、量について男性社員から「女子力ない、そんなんだから彼氏できないんだよ」などと言われるという。

大学時代から同じような扱いを受けていたので慣れており、さほど苦ではないですが、愛のないいじりをする人に対してはものすごく不快と感じています。先輩に言われるケースが大半なので、嫌でも不機嫌な態度をとったり等反抗できていません。笑って流したり、頑張って女子らしい（？）お弁当を作るようにしましたが、何事においても、自分

に自信がもてません。「女子力！」と謳う記事や雑誌を見ると自分のしたくないことばかりで、でもしなくちゃいけないのかとつらくなります。

職場で女性がときとして求められるのは、女としても完璧であること。男性並みに仕事をこなしているのに、なぜか〝職場の華〟や良妻賢母であることも求められるダブルスタンダードあるいはトリプルスタンダードの中で、総合職女性は生きている。仕事で男性と比較されながら、容姿について女性同士で比較され、人生については専業主婦や子どものいる人と比較され、様々な価値観に引き裂かれながら、頑張りすぎるくらい頑張っている。それが日本の会社で働く女性たちの実態ではないか。

〈ケース〉アルハラといじり

「いじり」の多くは歓送迎会などのお酒が入る場で始まり、それが昼間の職場にも侵食してくる。エピソードを寄せてくれた方のケースからは、お酒が入る場では、かなりアルコールを強要するアルハラも深刻である実態が分かる。

入社間もない頃、職場の男性社員たちにいじられました。主に飲み会の場ですが「普段はクソ真面目だが酔うと壊れ方が面白いやつ」という認定をされ「女だからって甘えるんじゃない」などと言って酒を飲まされたり、性的な話題を振られたり(「答えたくなければ飲め」と言われる)、当時の恋人にその場で電話させられたりしました。結果、泥酔した様子をその後職場や、別の飲み会の際に面白おかしく言いふらされ、また飲まされ……という悪循環になっていました。

「やめてください」「これ以上は飲めません」などと言っていましたが、真面目に「やめて欲しい」とは当時は言えませんでした。「仕事で役に立っていないのだから飲んで盛り上げろ」という言い方をされていたり、泥酔して迷惑をかけた事実があるので引け目を感じ、「飲みすぎてご迷惑をかけてすみません」という態度を普段はとっていました。

職場外の人に愚痴を言う以外は相談はできませんでした。理由は2点あり、そうしたいじりを上手く受け流せる女性もいたのに、できない自分に問題があると思ったためと、声を上げた結果、女性のほうが異動させられた事例があるという噂を聞いていたためでした。

その後、メンタル不調を起こし休職しました。

(商社・30代女性)

20代後半で中途入社して早々、直属の男性上司からの「いじり」が始まりました。上司は、「女だって恋愛ネタが好きなんだから、職場でそういう話をしないのはもったいない。そういう話を嫌がるのも〝フリ〟だろう」と。「酒は飲んでなんぼ」といったような考えがあるようで、以下は、私がとても不快に思った出来事です。

・入社したての飲み会で、「Xさん（私）は能力ではなく顔採用」と言われる。
・私がアルコール度数の低いカクテルを頼むと、私の知らない間にオーダーをキャンセルし、アルコール度数の高い飲み物に差し替える。
・飲み会のたびに「前の会社で営業だったんだからもっと飲め」「誰かあいつ（私）にもっと飲ませろ」「自分で酒の限界を決めるな。限界を超えないからお前はダメなんだ」といったような発言を繰り返す。
・飲み会、ランチ、業務中にかかわらず、彼氏・元彼等プライベートな恋愛の話を細かく聞いてくる。「元彼とは体の相性はよかったの？」等と卑猥な発言を繰り返す。答えたくなくてはぐらかすと「なんで恥ずかしいフリをするわけ？」と機嫌を悪くする。

中途入社で立場が弱い、という思い、上長との関係を良好に保たなければならない、といった思いが先行してしまい、笑って流す、といった対応を主にとっていました。もっとガツンと「そういうのはやめてください」と言えたらよかったのかもしれない、と何度も思いはしましたが、その時の状況を思い返すと、そういった対応はできない雰囲気がありました。

同じ課の男性の先輩に相談しましたが、「聞き流せ」「真に受けるな」といったアドバイス。また、「課長は、仕事はすごくできる人だから、ハラスメントをされたとしても、多少は我慢しないといけないと思うよ」とも諭されました。

毎朝会社に行くのが億劫です。週に2〜3回は、通勤途中でおなかを下してしまい、トイレに寄ってから会社に行っています。会社にいるときは、心拍数がずっと上がっている状態です。そのほかの理由もありますが、現在転職活動をしています。

（29歳女性）

セクハラといじり

いじりのパターンを見ると、多くはセクシャルハラスメントの一部と言えそうだ。セクハラについては牟田和恵氏の『部長、その恋愛はセクハラです！』（集英社新書・2013年）という名著がある。この本では、加害者側の視点にも立ちつつ、被害者側の認識との違い、被害者側の拒否がうまく伝わらない理由などを説明して、セクハラが起こってしまう構造を非常に分かりやすく説明している。

牟田氏の同著が扱っているのは、主に、いわば疑似恋愛のように進行してしまうセクハラであるが、同じように「いじり」でも認識の違いは発生している。本人が笑って受け流していても、実は空気を悪くしないように必死で耐えていたりするのであって、笑っているから相手を傷つけていないとは言い切れない。

また、いじりの背景には、必ずしも男性から女性、女性から男性という異性間のセクシャルな視線があるとは限らず、むしろ男性中心のホモソーシャル[3]な組織を強化するために使われている側面がありそうだ。

第二章では誰がターゲットになり、いじりが組織にどんな「効用」をもたらすのか見てみよう。

コラム① 取引先によるハラスメント

いじりを取材する過程で寄せられたエピソードの一部に、顧客先から受けたハラスメントの事例がいくつかあったので、ここに紹介する。

25歳ぐらいの時、営業職で、顧客との会食後に、先方の担当者の上司にラブホテルに連れ込まれそうになった。その際、胸を触られ、キスを迫られ「恥をかかせるな」と言われた。それまでに会食で数回会ったことがあったが、お酒も飲めて、下ネタもOKだったのが原因の一つかと思う。意識していたわけではないが、対等に扱って欲しいとは思っていたと思う。女性でも営業である以上は、深夜2時でも3時でも最後まで付き合っていた。

（メーカー系・35歳女性）

3 性的でない男性同士の絆。上野千鶴子『女ぎらい──ニッポンのミソジニー』（紀伊國屋書店・2010年）によるとこの概念をホモセクシャル（男同士の性愛）から区別したのはイヴ・セジウィックである。

25歳ごろ、専門職として常駐して、お客様の設計支援をする立場だったため、まず小娘にコンサルタントが務まるのか、というリアクションから始まり、接待的な場にも駆り出され、次第に暴言も増え、ホテルに誘われることも。ホテルに誘われ続け、お持ち帰りされそうになったのは当時怖かったです。客先常駐自体が初めてだったこともあり、「お客様」にどこまで何を言って良いのか悪いのか、分からなかったことで加速したと思う。

（ＩＴ系・36歳女性）

女性の営業は、男性が多い業界では、おそらく男性よりも客先に覚えてもらいやすいなどの点で、得をしている側面もあるだろう。一方で、取引先から受けるハラスメントの被害に遭いやすいという側面もある。

先方との関係を踏まえるとその場で拒絶することにためらうケースもあるだろうし、社内であれば人事やハラスメント窓口があっても、社外で起きたことはどこに訴えるべきなのかも分かりにくい。多くは上司などに相談し、担当を代えてもらうなどの措置になるだろうが、これでは相手に反省してもらうことが難しい。

実は、私自身、独身だった記者時代、取材相手に迫られたことが3回ほどある。

いずれも別の相手で、それまで何度も会ったことのある重要な取材先で、3人とも既婚者だった。いずれも深夜、酒が入っている状態で、カラオケボックスのような個室、タクシーの中などの密室。

なぜそういう状況になったかと言えば、やはり記者として、相手から話が聞ける、そのときではなくとも、親しくなることでいずれネタにつながる話が聞けるのではと思ったからだ。その意味で私のほうにも打算があったし、頻繁に連絡をする、バレンタインにチョコレートを配るなど、今思えば相手が勘違いする状況を作り上げていた側面もあったと思う。

3回ともそれ以上を無理やり強いてくることはなかったとはいえ、拒絶の意思を分かってもらうのには困難を極めた。それまで親しげに話をしていたわけだし、いきなり平手打ちする、突き飛ばすといった行動を大事な取材先の目上の男性に対して取っていいのかも分からなかった。咄嗟に手が出ていたとしても力ではかなわなかったかもしれない。

一人の記者として話を聞きに行っている以上、まったく二人きりにならないようにするというのでは仕事にならない側面もある。3回の出来事が同時期に発生したので、それ以降はできるだけ会食するなら昼にする、勘違いさせる行動はつつし

図10・営業成績のあがらない女性に「女を使ってでも取ってこい」

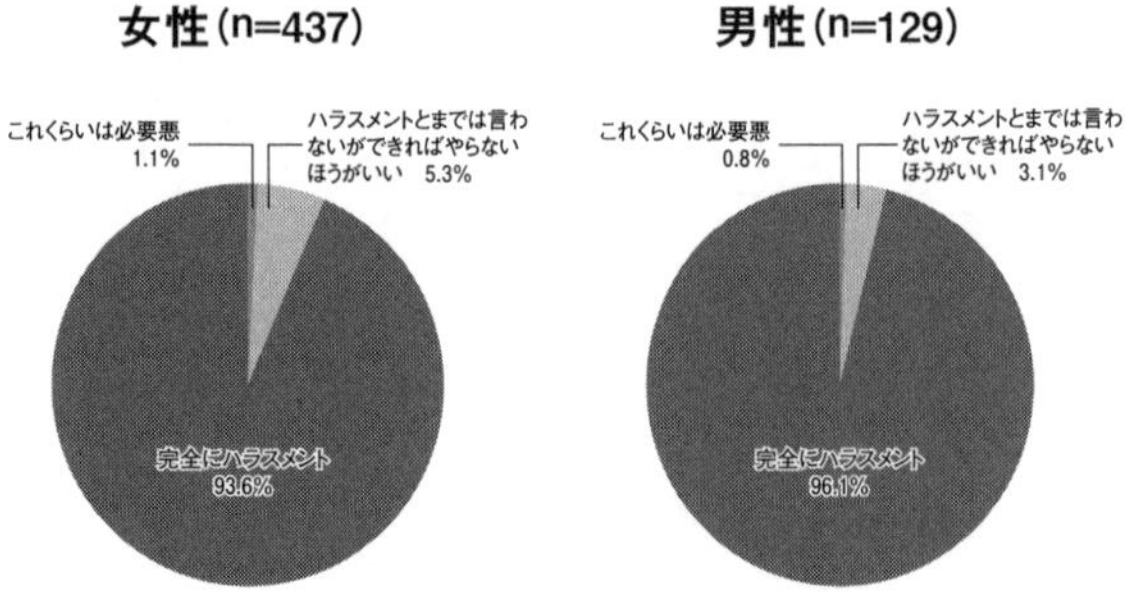

む、常に相手の家族の話やこちらに彼氏がいるという話をするなど予防線を張るようにした。

個人的には、結婚してからのほうがずっと取材はしやすくなった。それまででも性的対象として見る人のほうが少数だったとは思うが、一人の人間として見てもらいたいときに「若い独身女性」というカテゴリーはかえって邪魔だった側面もある。

私の実施した「ハラスメント認識調査」では、「営業成績のあがらない女性に『女を使ってでも取ってこい』」（図10参照）と言うことについては、ほぼ全員が「完全にハラスメント」「ハラスメントとまでは言わないができればやらないほうがいい」と答えている。

図11・接待で取引先男性と女性営業にデュエットを歌わせる

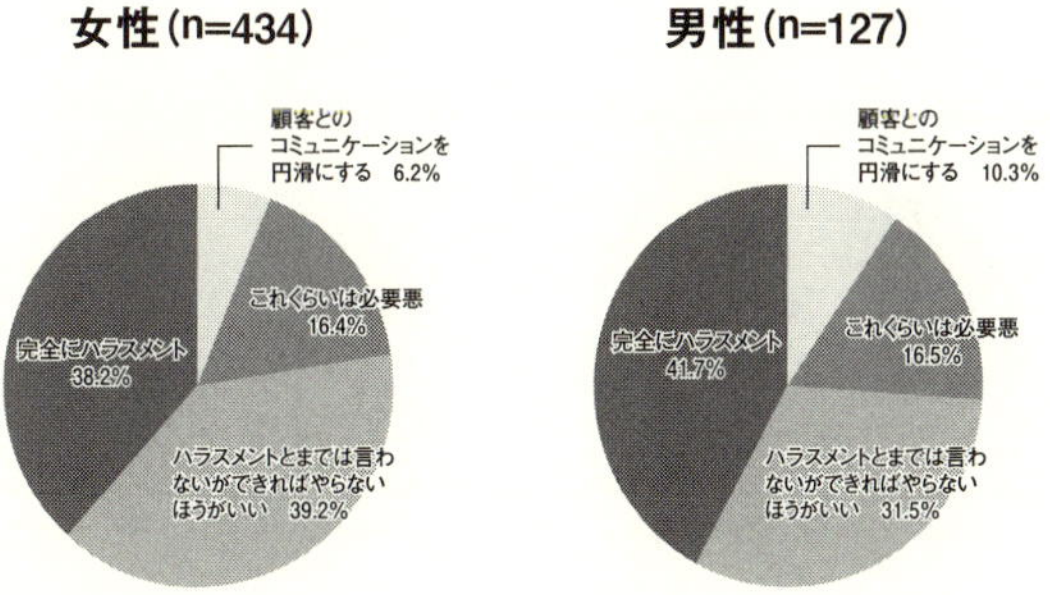

しかし、実際には、上司や同僚が「もう少し○○ちゃんみたいに可愛い格好したら？」など女性性を売りにするように勧める事例が飲料メーカー、信用金庫などに勤める女性への取材から明らかになっている。

顧客との関係でどこまでをハラスメントととらえるかについて聞くと、社内よりも認識が甘くなるようだ。たとえば、「接待で取引先男性と女性営業にデュエットを歌わせる」（図11参照）ことについて。男性は42％が「完全にハラスメント」としている一方で「顧客とのコミュニケーションを円滑にする」と考える人も10％いた。女性はよりグレーゾーンとする意見が多いが、男女ともに16％前後が「これくらいは必要

図12・営業成績で表彰された女性に「女はイイよね」

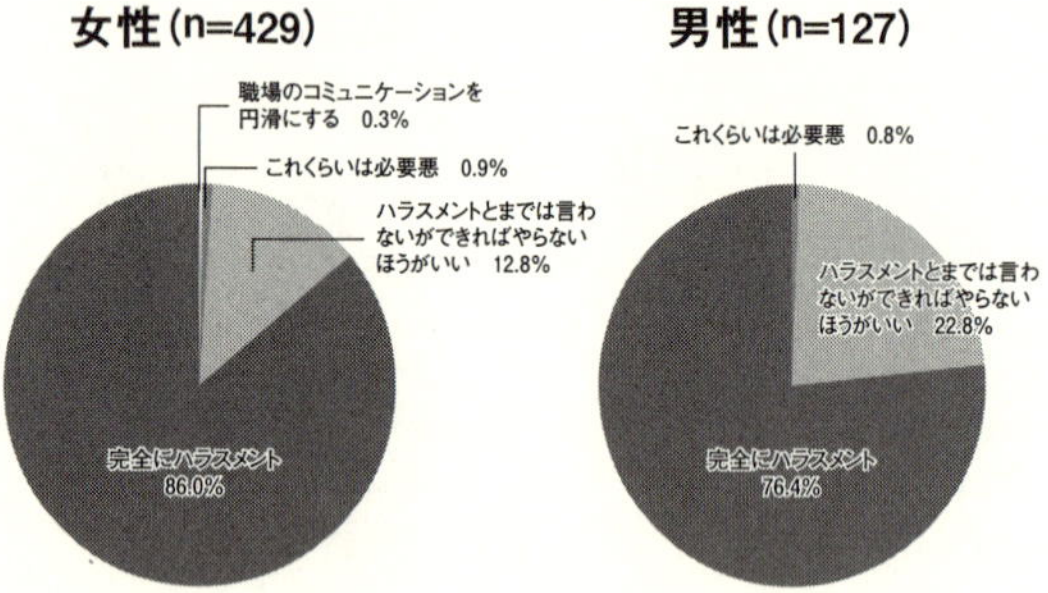

悪」と答えている（男女の有意差なし）。

しかし、実際にはデュエットを一緒に歌った結果、腰に手を回されたという回答もあり、「これくらいはOK」の認識が取引先からのハラスメントにつながる可能性が示唆される。このような回答もあった。

私は金融の営業で、身綺麗にして女を売りにすれば結果もついてくることを身をもって知っているので淡々とこなしますが、たぶんできない・したくない女性は多いはず。そのことを、世の会社の上の方（特に男性陣）はきちんと考えるべき。優秀な男性はソツなく上手く立ち回っています。私は身綺麗にするのが好きで褒められるのも好きだし、本当にどんなセクハラでもまっ

たく気にしないのである意味最強だと思っていますが、周りを見渡してもそんな女性はほとんどいません。「女性活躍」とかぶち上げる前に、活躍できる環境が（人的に）まだ整っていないように思います。（金融系・30代女性）

このような状況の中で、事実があろうがなかろうが、営業成績をあげると「女を使っている」「あそこの社長の愛人らしい」という噂がすぐに広まるのも女性営業のつらいところだ。

「営業成績で表彰された女性に『女はイイよね』」（図12参照）。これも多くの男女がハラスメントと認識しており、特に女性は完全にハラスメントととらえる人が86％と、男性の76％に比べて多い（男女の有意差あり）。

もちろん、取引先の意思決定者が女性であることが増えてくれば、逆パターンも起こり得る。

取引先の社長が綺麗な女性で、そこを見つけてきて成績をあげた男性同僚に、事あるごとに「マウストゥマウスで取ったんだろう」と男女居合わせる会議の場で発言する上司がいる。愛想笑いで男女どちらも笑うものだから何度も言うのが大変苦

痛。（30代女性）

取引先は営業職を人として尊重してほしいし、社内でも性別などのカテゴリーを「利用」することを強要したりネタにすることは避けてほしいものだ。

第二章　いじりの効用
なぜいじるのか

金融や営業でいじりが多いのはなぜか

いじりは、なぜ、どのような職場で、誰をターゲットに行われているのだろうか。

私がいじりの被害に遭ったことのある人を対象に実施した書面アンケートに回答をしてくれた人は44人。実際にヒアリングしたのは13人。

その事案が起こった時点での勤め先を聞いているが、業種は金融機関が非常に多く、その他は広告・メディア、コンサルティングファーム、シンクタンク、人材サービス、ＩＴベンダー、商社、メーカー営業、医療機関などだった。企業規模は大手が大半だが、中小企業・ベンチャー企業でも起こっていないわけではない。

特に金融、営業職は事例が多い。本来、こうした業種・職種こそ人材が命となるはずだが、この職種でハラスメントが多いのはコミュニケーションこそがすべてという文化があること、上下関係を作っていくことで組織を成り立たせている側面があることが理由として考えられる。

いじりにより、職場にはどのような〝効用〟があるのだろうか。

新入りのための「通過儀礼」

元商社マンで、自身も新人だった2007年ごろにいじられキャラだったことがあるというダイスケさん（33歳男性）はこう話す。

新入社員で入ってきた若手の中で、いじりやすい人にターゲットが定められます。怒らせるとヤバそうな奴とかはターゲットにならない。どちらかというとコミュ力（コミュニケーション力）が高そうで、だけどイケイケではないみたいな中途半端なキャラがいじられキャラになりやすい。ある程度何にでも対応できるような人がターゲットになる。（新入りの）通過儀礼ですよ。新卒の中の誰か一人をいじることで、新卒全体との垣根を取っ払う。そうやって仲間に入れる。でも先輩後輩関係はずっと続くからその組織にいる限り、いじられる関係は持ち越されるし、場合によっては「この人いじっていいんだ」って認識されて後輩にもいじられるようになっちゃう。まぁ新たなターゲットがでてくればそっちに関心は移っていきますけどね。

私が取材したほとんどの事例で、いじりは新入社員、あるいは転職直後などの新入り時代、それも最初の歓迎会などかなり初期に始まっている。そして加害者側は、むしろ「仲間に入れてあげる」行動として、場合によっては「良かれと思って」していることもある。

「職場のいじられキャラになってそれが辛かったら、そこから抜け出すには、辞めるしかないでしょうね」というダイスケさん。「でもその個人が抜け出しても新たなターゲットが設定されるだけ？」と聞くと、「ゆくゆくそういう組織は滅びると思うけどそういう文化が嫌ではない、むしろ好きという人も一定数いるからそういう人たちだけで会社を支えていけばいいのでは」という答えが返ってきた。

現代日本論の古典、社会人類学者の中根千枝氏の『タテ社会の人間関係　単一社会の理論』（講談社現代新書・１９６７年）は、日本人は「資格」よりも「場」を重視した集団意識を持っていることを指摘し、次のように述べる。

〝資格の異なる者に同一集団成員としての認識、そしてその妥当性をもたせる方法としては、外部に対して、「われわれ」というグループ意識の強調で、それは外にある同様なグループに対する対抗意識である。そして内部的には「同じグループ成員」という情的な結びつきをもつことである。（中略）

この感情的アプローチの招来するものは、たえざる人間接触であり、これは往々にしてパーソナルなあらゆる分野（公私をとわず）に人間関係が侵入してくる可能性をもってい

る。〟（P.37）

中根氏は、大企業ほど家族も「丸抱え」で、日本の企業の社会集団の特色が従業員の私生活に及ぶことも指摘している。

〝場の共通性によって構成された集団は、前述のごとく、枠によって閉ざされた世界を形成し、成員のエモーショナルな全面的参加により、一体感が醸成されて、集団として強い機能をもつようになるわけであるが、（中略）集団が大きい場合、あるいは大きくなった場合、個々の構成員をしっかりと結びつける一定の組織が必要であり、また、力学的にも必然的に組織ができるものである。〟（P.70）

ここで中根氏は資格の異なるものを包含するために、同列に置かれない「タテ」の関係が必要であるとする。いじりは、カルチャーや序列を覚えこませ、合わないものを排除する側面もある。

こうして上下関係をはっきりさせ、「場」での空気を重視する日本の職場で、人生や家族の話にまで踏み込んだ「いじり」が一種のコミュニケーション手段となってきたのだろうか。

学校現場での「いじり」分析

実は、「いじり」が問題であるという認識は、2000年代から学校でのいじめ問題において認識が広まりつつある。

土井隆義氏は『友だち地獄―「空気を読む」世代のサバイバル』(ちくま新書・2008年)の中で、現代のいじめは、ある特定の生徒だけがいじめの被害に遭うわけではないこと、それを黙って傍観している無関心層が多いことを指摘している。その中で、若者の人間関係といじめについて次のように述べる。

〝いじめの被害者は、所属するグループから完全に排除されたりはしない。むしろ、なかば仲間扱いされたままでいじめられる。なぜなら、仲間どうしの一致団結をはかって互いの絆を強めるための、敵役を担わされたスケープゴートではないからである。そうではなくて、むしろ集団内部の秩序をかき乱し、メンバー相互の関係をゆるやかな軽いものにすることで、鬱積《うっせき》した空気の内圧を下げるための触発剤だからである。〟(P.25)

この指摘には、職場で新入りを仲間として受け入れていく過程でいじりが使われる論理に共通するものがある。

2010年には、社会学者の向井学氏も、内藤朝雄氏『いじめの社会理論―その生態学的秩序と生成と解体』（柏書房・2001年）に対する書評論文[4]で、「いじり」の特性について次のように指摘している。

〟イジリにおいては、被害者の心理は著者（内藤）が想定しているほど単純なもの、つまりたまたまの要因（たとえば見た目が悪い、協調性がない、勉強ができる／できないなど）をもった被害者が、加害者の欲求不満解消のための対象になってしまうというものではない。イジる／イジられるキャラを演じることによって自己肯定感を得ているのは、加害者も被害者も同じである。つまり逃れられない集団によって被害者が被害者になるのではなく、自己肯定感を得んがために被害者を甘んじて受け入れているのである。〟

〟またイジリにおける加害者の心理も、著者が想定するほど加害的なものではない。そ

4 「『いじめの社会理論』の射程と変容するコミュニケーション」2010年6月号『社会学批評』

の集団において加害者的な役割を演じることが自己肯定感につながるのであり、「被害者をコントロールする私」に自己肯定感を持つのではなく、「集団の中の私」に自己肯定感を得ているのである。〟

本書で扱っている職場の「いじり」においては、同級生などのフラットな集団とは異なり、組織の在籍期間が異なる者、そして多くはそれに伴い上下関係がある中で行われる。「いじり返す」「言い返す」「嫌なものは嫌と言う」といったことがしづらい、あるいは当事者たちがそういった行動をしてもいいか分からない（その結果どうなるのか分からない）という状況で、いわば加害者側の一方的な「コイツは大丈夫そう」という判断でターゲットが決まることになる。

「通過儀礼」がうまくいけば、いじられキャラは同期の中で一番早く名前を覚えられ、人気者になり、集団としての新人たちも組織に打ち解けていくという可能性があるにはある。しかし、その犠牲となり傷つく人もいる。

そして、多くの場合、それは一時期の一部の人間関係では終わらない。厄介なのは、「いじり」が一対一の関係の中で起こりやすいセクハラやパワハラに比べて、より〝感染〟しやすい点だ。ほとんどすべての取材事例で、加害者は一人ではない。

「直属の先輩にいじられているうちはよかったけれど、なぜか隣の部署の人にまでひどいことを言われた」「徐々に上司から年の近い先輩にいじりが広がり、結託して仲間だったはずの同期まで貶《おとし》めてくる」といったエピソードには事欠かず、いじる側が複数に広がっていじりが加速・増大する様子が観察される。

マジョリティに取り込まれるマイノリティ

中野信子氏は著書『ヒトは「いじめ」をやめられない』(小学館新書・2017年)で生物は集団になると異なるものを排除し、集団を維持するため「裏切り者検出モジュール」の機能を発揮し、サンクション=制裁行動を行うと指摘している。「いじり」においても、ある同質的な集団に〝異物〟が入った時に発生する側面がある。

ただし、私の取材では、意図して排除しようとしているというよりは、異質な他者が入ってきた時に、どのようにコミュニケーションをとるべきかが分からない中で、いじる側なりに模索し、場合によっては「良かれと思って」一種の親近感を醸成しようとして行われているケースも散見された。いずれの形であれ、ここでも組織を集団として強化し、仲間になれそうな人を取り込んでいく効果が期待されているとみられる。

その点で、新入りであることに加えて、ターゲットになりやすいのは、組織における何らかのマイノリティだ。とりわけ、日本企業においては、女性。それも、2005年ごろからようやく本格的に増え始める総合職女性だ。

女性はダブルスタンダードを求められる

「いじり」は学校現場での事例などを見ると、基本的には男性同士のコミュニケーションとして多用されている。男性は学校段階から始まるいじりでよくも悪くも〝耐性〟がついている場合も多いが、女性は社会人になりはじめて新入りかつマイノリティとして「いじり」文化の洗礼を浴びる可能性が高い。

雇用機会均等法(1985年制定、1986年施行)直後に就職した世代の女性からは、均等法施行後も、総合職女性は申し訳程度に採用されたものの名ばかりで、お茶くみからスタートせざるをえなかったという話を聞く。その後、総合職採用のうちある程度まとまった数で女性が採用されるのは、女性の四大進学率が上昇し、かつ就職氷河期が終わる2005年ごろからである[5]。

こうしてようやく増え始めた総合職女性はまだまだ職場にとって異質な存在であるようだ。とりわけ名前や役割を変えながらも一般職的な採用を続けている企業で総合職女性が執拗に男性からいじられる事例を聞く。こうした職場では、総合職女性は、総合職における少数派、そして女性における少数派と、二重の意味で少数派になる。

彼女たちは一般職と総合職男性の間の中途半端な存在、あるいは、両方の機能を求められる存在となる。その結果、総合職女性は、男性的なカルチャーに染まりながら美しさだとか家庭的だとかという矛盾したものを求められるダブルスタンダードに板挟みとなる。

もちろん一般職や専業主婦であっても、女性にとにかく美貌や家庭的であることを期待するのは既に時代錯誤で偏見が根底にあると感じるが、総合職女性の場合はそういった理不尽に加えて、仕事での成果は男性と同等に求められるという側面がある。

名誉男性として例外扱いをする

ただし、ここで、立ち止まって考える必要があるのは、いじる側は本当にそのダブルスタンダードを女性に実現してほしいと思っているのかということだ。そういう職場もあるだろうが、言葉の上ではそれを求めているようでいて、実は、おそらくどれだけ女性側が美しく気が利こうとも、「いじり」を免れられていない可能性がある。

5　厚生労働省「平成26年度コース別雇用管理制度の実施・指導状況」によるとコース別雇用管理制度導入企業で平成24～26年度の総合職に占める女性の割合は2割前後

つまり、「お前ほんと女子力ないな」「そんなに気が利かないと結婚できないぞ」といった「いじり」は、本当に「美しいこと、女性らしさがあること」を求めているのではなく、「美しさ、女性らしさがないこと」をネタにすることで一種の〝効用〟を期待しているだけなのではないか。

こうした女性に対するいじりの効用の一つ目は、〝名誉男性〟として仲間に入れるということだ。名誉男性とは、男性的ふるまいをして例外扱いをされる女性のこと。かつてアパルトヘイト下の南アフリカで日本人らが〝名誉白人〟と呼ばれたのになぞらえたもの。

上野千鶴子氏『女ぎらい』に次のような一説がある。


〝「そうなのよ、ほんとに女って感情的でいやになるわ」

とA子が言う。

「キミ?　キミは特別だよ」

と男が肯《うべな》う。

「そう、わたしは『ふつうの女』じゃないわ」

と彼女はほこらしげに宣言する。


だが、この「例外」視をつうじて、「ふつうの女」への蔑視を再生産しているのは彼女自身だ。彼女はホモソーシャルな男の共同体へ、「名誉男性」として迎えられるかもしれないが、慇懃《いんぎん》無礼な扱いの背後で、けっして「仲間」と認められることはない。ちょうど白人中産階級社会へ参入した黒人と同じようなものだ。〟（P.226）

ここでの例外視にはポジティブな意味合いが込められているが、いじりは女性性を否定するネガティブなからかいや男性同士が話せる下ネタなどを共有できる相手という形で名誉男性扱いをもたらす効果がある。

上野氏が指摘するように、これで本当に「仲間」にしてくれるかという疑いもあるが、いじることによって、実際に親密感が出る場合もあるだろうし、第三章で詳述するが、女性の側も〝効用〟を実感じて一種の共犯関係に陥ってしまうケースもある。

高学歴女性に対するマウンティング

もう一つの効果は、〝マウンティング〟だ。総合職女性は高学歴であればあるほど、それをネタにいじられやすい側面がある。

2015年に過労自殺した電通の新入社員、高橋まつりさんも、お母様である高橋幸美《ゆきみ》さんと代理人弁護士である川人博《かわひとひろし》氏の共著『過労死ゼロの社会を―高橋まつりさんはなぜ亡くなったのか』（連合出版・2017年）によると、次のような記述をスマホに遺している。

〝「やっぱ東大生キモイな、最高学府はちがうわ、みたいないじりが定着してきた。」
「キャラもいじられキャラだしつらい」〟

このような高学歴女性に対する「いじり」は、加害者側である上司や先輩が、序列を覚えこませ、自分の方が優位にあることを自己認識するためマウンティングとして行われている可能性がある。

彼らにとって、高学歴女性は自分たちの今までの暗黙的な論理が通じない恐れのある〝異物〟であり、また女性というカテゴリーがどう強みとなって自分を追い抜く可能性があるのかが不透明な、一種の脅威である。

1977年に出版されて以降、日米でロングセラーになっているベティ・L・ハラガン氏『ビジネス・ゲーム—誰も教えてくれなかった女性の働き方』（光文社知恵の森文庫・2009年）には次のような一節がある。

〝ほとんどの女性にとって、会社とは男性が先住民である「外国」です。（中略）男性の現地人は、あなたが旅行者である限りは親切ですが、いったんそこに住みつこうとしたら、途端にそっけなくなります。〞（P.22）

〝事務職の女性は、このような状況にあっても全く関係なく仕事をすることができます。なぜなら、彼女たちは「プレイヤー」として認知されていないのですから、求められる資質も異なるのです。〞（P.55）

事務職も尊重されるべきで、これも失礼な話ではあるが、少なくとも同じ分野でのライバルにはならない。

営業成績など業績が目に見える形で上がった直後に、仕事の情報を回してもらえなくなった、協力してもらえず一人で仕事をする羽目になったという経験をしている総合職女性は多い。一般職女性が決してマジョリティの男性を脅かさないのに対して、総合職女性はそうなり得るため、社会の競争や政治に巻き込まれているという説明が可能だろう。

もちろん、これは男性の中でも起こり得る。R・M・カンターは『企業のなかの男と女—女性が増えれば職場が変わる—』（生産性出版・1995年）の中で、マイノリティがマジョリティに入るとマジョリティの集団はその同質性を強く意識し結束を強め、マイノリティを排除しようとする構造を指摘している。

カンターはベティ・ハラガンがいわば女性に「ルールを知って賢くふるまうこと」を呼びかけたのに対し、女性の数が増えれば構図は変わるとして、アファーマティブ・アクションなどの必要性を唱えた。

総合職女性たちが感じている「いじり」や自分だけが外されている感覚は、マイノリティが一般的に受けやすい仕打ちであり、抜本的解決には多数派と少数派を意識させない程の多様性の確保が必要と言えそうだ。

社内政治が作る構造

日本の総合職女性に関しては、もう一段複雑な構造も隠れている。

第一章でも登場した銀行勤務のナギサさん（31歳女性）は、長時間働き、朝も眠い目をこすりながら出社しているにもかかわらず、定時で帰ることができる一般職女性と頻繁に外見を比べられていた。

加えて、「女性と言えば基本的には一般職ばかり」という職場に配属されたときのこと。

上司は私のことをどう扱っていいか分からなかったみたいなんですが、ファイルを投げつけてきたり、皆の前で異様に厳しく叱るんです。どんなに忙しくても（来客などで）お茶は淹れさせるし、一般職女性には絶対頼まない力仕事もさせます。男性の総合職には絶対させないですよ、お茶出しも、その力仕事も。他の人が暇そうでも私に振るんです。

もしかして、期待してるからこそ鍛えようとか、顧客に顔を売らせてあげようとかしていたのかも……という良心的解釈を、次のエピソードが打ち砕く。

私と総合職男性の同期が一緒にやっていた仕事があったんです。報告をしているときに、彼が上司の質問に答えられないところがあって私が説明すると、『お前に聞いてねぇ』って言われて。男性の同期の方に優位を取ってほしかったんですかね。『女のくせに生意気だ』と言われたこともあります。

2010年代の「ダイバーシティ推進室」もある大手銀行で「女のくせに生意気だ」というセリフが発せられていること自体に驚くが、いかに経営サイドがダイバーシティを謳っても、職場には役割規範、ステレオタイプが根強く残っていることが分かる。

これまで一般的に女性がやってきた仕事。これまで一般的に総合職がやってきた仕事。女性が総合職であると、その両方の規範や責務を背負い、二重役割を負わされる。これが、総合職女性のしんどさの一因ではあるだろう。

しかも、ただ単に業務が多いだけではなく、発言や成果は認められにくく、容姿についてはぼろくそにいじられる。なぜここまで総合職女性は貶められるのか。

一般職女性の機嫌を取る男性たち

マイノリティとしての女性が排除されやすいという万国共通の問題に加えて、「一般職」「総合職」という奇妙な区分けが定着している日本の職場[6]においては、男女、そして総合職一般職のパワーバランスがもう少し複雑にねじまがっているのではないか。

ナギサさんに話を聞く中で、上司について「一般職を上げるために、私を貶めてくる」というセリフがでてきた。詳しく聞くと「上司が皆の前で私をいじったり辛くあたったりするのは、一般職女性の機嫌を取るためなんじゃないかなと思うんですよね」と言う。どういうことか。

男性たちは、一般職の機嫌を取って、ちゃんとサポートしてもらわないといけないんです。一般職の方々は、（男女かかわらず）気に入らない総合職がいると、たとえば名刺の発注とか出張精算とかをやってくれないんですよ。私もやってもらえなかったことがあって、自分で全部やったんですけど。

あと、これは噂でしかないんですけど、今、管理職の人たちは、人事評価で360度評価じゃないけど一般職の意見も参考にするという話もあって。（会社が）女性活躍（させなくちゃ）みたいなのもあるし。だから、男性たちは一般職女性をすごく丁寧に扱うんですよ。

この説明には、思い当たる節がある。小笠原祐子氏は『OLたちの〈レジスタンス〉サラリーマンとOLのパワーゲーム』（中公新書・1998年）で、一般職OLたちが出世の可能性がないゆえに男性総合職たちに様々な嫌がらせ的「レジスタンス」を行う様子

6　日本で総合職・一般職などの「コース別雇用管理」が定着したのは男女雇用機会均等法以降。それまで、男女に別の仕事をさせていた企業が、均等法に抵触しないように採用を分けた。コース別雇用管理が事実上男女別のものになることを防ぐため、厚生労働省はコース別雇用管理指針を定めているが、実質的には一般職がほぼ女性となっている企業も多い

を詳細に記述、かつ構造的に分析している。

　同著はOLたちの強気の姿勢を「構造的劣位の優位性」としつつも、それがジェンダー構造を強化してしまっているとの鋭い指摘をしている。しかし、小笠原氏のこの本は1998年出版。総合職女性が増加してから、職場のパワーバランスはおそらくより複雑になっている。

「女の敵は女」の背景

　社会的背景も変化している。私は経済新聞記者としてメガバンク、信託銀行ほか金融機関を担当した後、女性活躍について幅広い業種に対してヒアリングをしてきた。一般職女性が非常に多い金融機関等で、経営サイドが実のところ頭を抱えているのは総合職女性よりも一般職女性の処遇だ。

　昔のように寿退社で辞めていかない。辞めさせられないし年功序列で給与はどんどん上がっていく。であれば給与に見合った仕事をさせたい。しかし、年齢が上がっていけば上がっていくほど「今更……?」とモチベーションを上げてくれない。

　一方、辞めさせられないように仕事を囲い込むのも一般職女性たちの常套手段だ。彼女たちにも言い分があり、ずっとそのように扱われてきたこと、期待されず、責任の重い仕事を任されることなく、いきなり管理職になれと言われても、自信もないだろうし、その意識を刷り込んだのは会社側じゃないかという思いもあるだろう。こうした状況に、大ナタを振るえず「定年等で辞めていくのを待つしかない」という諦念を抱いている企業も多い。

このような背景を踏まえ、一般職女性の側にも危機感がある。ペーパーレス化やAI化で仕事がなくなる懸念、総合職転換を促す経営サイドの見え隠れする思惑。そこに、本人たちにその気がなくとも、カテゴリーそのものとして一般職という存在を丸ごと否定するかのように入ってくる若い総合職女性——。

つまり、今の状況はこうだ。社会全体あるいは経営目線では居場所を失いつつある一般職女性だが、現場の職場単位で見れば彼女たちの機嫌を損ねたくない男性たちがいる。

そこで男性たちは、総合職女性たちを道具にして、負荷をかけたり、いじったりすることで「あなたたちはコイツらのことなんか気にしなくていいよ、俺は大事に思ってるよ。だから俺のことはサポートしてね、手厳しい評価や噂話はやめてね」と一般職女性の人気を得ようとする……。

女性活躍推進法施行もあり、経営側は総合職女性を育て、管理職比率を引き上げようとしている。その反面、現場では、自分たちマジョリティの立ち位置が脅かされるからという理由や、一般職女性の機嫌を損ねないためという理由で、総合職女性の足を引っ張る同僚や上司がいる。

そして、実際こうした環境で一般職女性から見ても総合職女性から見てもお互いの存在がおもしろくなくなるのは当然だ。それを見て、男性たちは自分たちが作り出した環境にもかかわらず「女の敵は女だね」と言って喜ぶ。

ザ・日本企業のピラミッド型の組織で生き残っていくには、タフであり、多少の理不尽に耐え、障壁を乗り越えていかないといけないことは分かる。社内の闘争を越えながら業績をあげられる人が昇進するのは企業から見ても合理的なのかもしれない。だとしても。総合職女性は、いったいどれだけ強くならないといけないのか。

2010年代後半の今、企業に残り役員クラスに昇進する女性が増え始めているが、おそらく男性の2倍も3倍も努力し我慢してきたに違いない。その努力や我慢を強いている限り、男性の2倍、3倍にもなり得る女性の離職率が下がることはないだろう。


〈ケース〉女が二人いると対立する？

女性活躍についてのシンポジウムに登壇したとき、ある有識者の女性が「男性の中に女性が一人だと孤立する、二人だと対立する、三人以上なら協力する」とおっしゃっていた。紅一点だと孤立はするが、ちやほやされやすい面もある。一番難しいのは、ある組織においてマイノリティが二人だけいる状況かもしれないと私も思う。二人が頻繁に比較されてしまうと、対立につながることもあるし、どちらかが貶められてしまうこともある。

27歳の時、別の女性社員（Yさん）の引き立て役みたいな扱いをされていました。Yさんと私は仲が良いのですが、飲みの席などで、30代後半の上司がYさんに対して「いじり」をすることがありました。

Yさんがいじりを嫌がっているか、私も判断はつかなかったのですが、客観的にみてアウトかな？　と思うときには、冗談ぽくYさんを守るようなしぐさや発言をしました。その時の相手の反応は、「こわ」「怒られちゃうよ」みたいな感じか、ほぼ無反応だったかと思います。あと、「お前がいるからこんなこと（＝Yさんへのセクハラ）言えるんだよ」とも言われました。その時の空気は、私は「Yさんの引き立て役兼お世話係」。

上司がYさんにしていることはもちろん失礼で問題があるし、その上での私との差別化は、私に対しても失礼だと感じました。言外に「お前は相手にしていない、眼中にない」という態度なので、私が上司のYさんへの態度そのものに強く出ることもできず……。どうすればよかったのか分からないと思いつつ、なんだかひどくみじめな気持ちになって、こっそりトイレで泣いたこともありました。

意識してやっているわけではないですが、その後飲み会とかでは自分から豪気なキャラっぽく演じている気がします。女っぽくないようにして、他の女の子へのセクハラとかもなるべく指摘して「あいつはうるさい」って思われるようにしています。どうせ女扱いされないんだから、自分が悪者（セクハラ加害者から見た場合の）になって、他の女の子が少しでも嫌な目に遭わなければいいと思うので。でも飲み会は今も行きたくないです。

（28歳女性）

いじりの論理

こうして、社内政治の犠牲、逆に「良かれと思って」仲間に入れようとしているという論理、あるいは加害者側の勝手なマウンティング……と、本人たちにも認識されていない可能性が高いが、加害者側には、集団の行動としての裏の論理が存在する。しかし、渦中にいる被害者側にはなかなか見えない。

第三章では、必死で〝いじられキャラ〟たちが「いじり」を真正面から受け止め、時には加担してしまい、声を上げられないことが被害を増大させる背景に迫る。

コラム② 日本特有のいじりのつらさ

いじりは日本特有のものなのだろうか。

一部では日本のテレビのバラエティ番組の影響が指摘される。社会学者の土井隆義氏は『キャラ化する／される子どもたち　排除型社会における新たな人間像』（岩波書店・２００９年）の中でＳＮＳなどによるコミュニケーションの変化とともに、お笑い芸人の世界が模倣されていると見解を述べている。

お笑いコンビ・爆笑問題の太田光《ひかり》氏は『爆笑問題と考える　いじめという怪物』（集英社新書・２０１３年）の中で「今はこういう誰かをいじってウケるというようないじめも多いかもしれません」と述べたうえで、テレビのバラエティ番組の影響について次のように言う。

〝まったく影響がないとは言えない〟

〝テレビのお笑いはある種の信頼関係の中でやっているわけですが、たとえば、テレビでやっているような事柄を、学校で、それをやりたくないやつを無理矢理に舞台に上げてやらせているようなことは、あるのではないかと思う〟（P.18）

太田氏は自分自身が中学生のときに友人にこうした「いじり」をして絶交され自己嫌悪感にさいなまれた経験を語りつつも「人間には、人が困っているのを見て面白いと感じる面がある」「(笑いとバラエティのような)息抜きのようなものを、人間は欲している面がある」「笑いというものは、人間が生きていくうえでは必須なもの」などと述べる。

海外にもコメディやブラックジョークはあり、「いじり」のようなものはあるだろう。ただ、日本特有の問題として、学校でのいじめの議論、職場でのいじめの議論でかならず出てくるのが、日本の学校や組織の流動性の低さだ。

お笑いはテレビや舞台における「演技」で済むのに対し、学校や職場でのそれは個人の人格、生活に踏み込んでくる。木堂椎《こどうしい》氏が書いた小説『りはめより100倍恐ろしい』(角川書店・2006年)では次のような一節がある。

〝けれども芸人にとってそれはとーってもオイシイ。自分はただただただじろいでいるだけでギャラが入ってくる。あくまでもビジネスなのだ。実際画面越しではいじられまくりのピータロー(筆者注・作中の「汚れ芸人」)も、楽屋裏では相当権力があり、他の出演者達にダメ出しをしているらしい。

しかし高校生でそのポジションに就任してしまったら大変だ。絶えずピエロとして嘲笑《ちょうしょう》され続けなければならない。傷ついていても屈託のないスマイルをしなければならない。ハイリスクノーリターンだ。骨折り損のくたびれ儲《もう》け。辛《つら》すぎる。〃（P.6～7）

常に同じメンバーで過ごすことになる学校のクラスメート、そして転職が相対的に少なく、「その場面限り」と割り切りづらく抜け出しにくい会社組織。こうした構造とあいまって、「いじり」の文化とその辛さは日本の若者、社会人に牙を剝くと言えるのではないだろうか。


また、もう一つ日本に特徴的であるのは、その同質性である。

私は2017年からシンガポールで暮らしているが、肌の色や目の色などが違う人種、そして宗教や文化が多様である場では、まず外見や服装で他と異なることが目立たなくなる。

自分が外国人だからその社会の規範が気にならないという側面もあるとは思う

が、誰が何を着ていてもジロジロ見られたりとやかく言われたりしない。それは文化や人種が異なる人たちが行き交っているからだと思う。

ビジネス街でも特に女性はカラフルだ。まず電車の中やオフィス街で見かけるのが日本のようにスーツ姿の男性ばかりということもないし、ファッション誌から抜け出したようなその年の流行りの装いを皆がお揃いのように着ているということもない。

もちろん、差別やいじめがゼロというわけではないだろうが、身体的特徴や服装を取り上げて笑うというのは、人種差別と戦ってきた歴史を持つ国ではタブーとなっている面もあるだろう。

やはり日本で外見が話題にあがりやすいのは、その同質性ゆえではないかと感じる。極めて同質な集団の中で、自分の居場所を確立しキャラを立てるような個性を模索した結果、バラエティ番組のようなコミュニケーション方法が職場にまで定着したのかもしれない。

第三章　いじりの構造
なぜ加速するのか

感染し、増幅される「いじり」

新入社員が同期の中でひとたびターゲットにされれば、徹底的にいじられる。あるいは、仕事をしに来ているはずの職場で、美しさや家庭的な側面を求められ、いじられる。これがしんどいと感じる場合も、どうして被害者たちは声を上げられないのだろうか。

おそらく「いじり」的なものは昔からあったのだろう。しかし、それに対して適度に「いなす」「言い返す」「怒る」ということをしない、できない若手が増えているということだろうか。

加害者側は「相手も笑っているから大丈夫」「相手も喜んで自虐をしている」と受け止め、いじりはハラスメントにまで一気に加速していく。いじられる側が、それが実は自分の心を蝕んでいるということに気付いたときには、いじられキャラを覆すのが難しくなっている……というのが昨今の状況ではないだろうか。

どうして声を上げないのか。場合によっては「いじり」に自ら加担してしまうのはなぜなのか。

「怒るのはサムイ」の刷りこみ

第一章に登場したアキナさん（25歳女性）の場合、いじりへの反応として「かくあるべき」という態度が押しつけられていたと感じるのは社会人になってからに限らない。話は大学時代までさかのぼる。

学生の時からそうだったんですよ。1～2年の時は男の子みたいな扱いされていて……。まぁアキナは男だからなみたいな感じで言われて、化粧したりスカートはいたりすると笑われるみたいな。先輩たちから、そういうこと言われて怒ったり悲しんだりするのは大人じゃないとかサムイって言われて。

3～4年になってから女としては扱われるようになったんですけど、何をしてもいい女の子、何をしても気にしない子みたいな感じになっちゃって。ある男の先輩が胸とかお尻とかを触ってきて「ほんとやめてください」とか言うと、「怒るなんてお前サムイぞ」みたいなこと言われました。「触られるだけありがたいと思え」みたいな感じ。「こういうときにアハハって笑って受け流すのがいい女だぞ」って思ってるんですよね、そういう人たちは。

これは20年前ではなく、2010年代の都内有名大学での出来事だ。相手の男性も当時大学生。このような中で、アキナさんは可愛げのある女の子路線に進む同期などを横目に、いじられキャラの路線に突き進む。

正直、こっちのほうが向いているというか。楽かなって思ってしまっていた部分があるかもしれないですね。女として努力すればするほど笑われちゃう、勝てないって思われるんじゃないかっていうのがあって。大学1～2年の時の経験から、「私ブスな子なんだ」っていうのが自分の中にしみついてるんですよ。

アキナさんはこうした大学時代を経て、新入社員になったときの自分の「立ち位置」について、次のように語る。

入社したてのときとかはどうにか立ち位置を確立しないといけないと思って。一緒に入った同期の女の子がとってもかわいい子で、そっちはそっちでアイドルとして扱われるなら、こっちは芸人にならないといけないんだって、何かを言われたら突っ込むみたいのをしていたら、どんどんエスカレートしていった感じですね。

キャラを演じる世代

ウェブサイト『現代ビジネス』(講談社)で本書の元となる連載を始めた当初、『「コイツには何言ってもいい系女子」が密かに我が身を切り刻んでる件』というタイトルで記事を執筆した。

「何を言ってもいい系」なんて人間はいない、という良心的な批判がいくつもあったが、あえて「系」としたのは、そういう「キャラ」を本人たちが作ってしまっているという状況を匂わせたかったからだ。

土井隆義氏は『キャラ化する／される子どもたち』の中で、「今日の子どもたちは、互いの関係を維持していくために、その関係のあり方それ自体をつねに自覚せざるをえない」とし、グループの中で互いのキャラが似通ったものになる(「キャラがかぶる」)ことやグループ内に配分されたキャラからはみだすのを避けようとする理由を、「グループ内での自分の居場所を危険にさらすから」と分析している(P.11)。

アキナさんの「そっちがアイドルならこっちは芸人」として「立ち位置を確立」するという発想はまさにこの分析にあてはまるように見える。

土井氏によれば、従来のいじめは「多様性を否定し、規格に合わせようとする学校共同体に、生徒たちが強制的に囲い込まれた結果として理解」（P．13）できた。しかし、その後、多様性を奨励するようになった時代の中では「普遍的で画一的な物差しによってではなく、個々の場面で具体的な承認を周囲から受けることによって、自己の評価が定まることに」（P．15）なる。そこで「ウケを狙えるか否か」が重要になるというわけだ。

このように、キャラを演じるといった考え方と「いじり」はセットで議論され、主に若者論として展開されてきた。

心理学者の榎本博明氏も若い人、若者に「キャラ」という言葉が広がっていることについて『バラエティ番組化する人々―あなたのキャラは「自分らしい」のか？』（廣済堂新書・2014年）で分析している。

榎本氏によれば「イジられキャラ」は、「からかわれる役を引き受けることで、仲間から受け入れられている。本人も、からかわれることで親しまれている自分を感じている」（P．39）面がある。

しかし、「キャラ」によってその場を無難にやり過ごせるという便利さがある反面、周囲の期待を反映した「キャラ」は拘束力が強く、常にキャラを意識した行動をとらざるを得ず、息苦しさにもつながる。

実際に、私の書面アンケート回答者の中にも、当初飲み会を断るためなどの目的をもって自らキャラを設定したものの、そのあとそのキャラ設定を崩せなくなったことで自らの首を絞めてしまったという事例があった。

24歳の時、二つ上の男性の先輩に、「セックスしまくりの性欲モンスター」とあだ名をつけられました。自分と同期の二人以外15人の先輩全員が男性という状況で、飲み会がつらかったので、毎週合コンに行くために飲み会を断るキャラをつくっていました（婚活女子的な）。でもそうしてるうちに、「合コンで毎回持ち帰られている」等のいじりが始まり、そこで、潔癖のフリをしても場がしらけるかと思ってはぐらかしたりしたのが原因だと思います。結局、転職しました。

（外資系電機メーカー・25歳女性）

「空気を読む」若手たち

土井氏は『友だち地獄』の中でも、被害者側の変化について次のように触れる。

〝昨今の少年たちは、日頃の人間関係にすら安心感を抱きづらくなっている。だから、仲間との関係が一時的にでも揺らぐことを極端に恐れてしまう。自分だけが浮いてしまうのではないかと不安におののいてしまう。その不安を打ち消すために、その場の空気をきちんと読んでノリを合わせ、仲間をシラけさせないようにいつも気を遣わざるをえない。〃（P．27）

また、大平健氏『やさしさの精神病理』（岩波新書・1995年）を引き合いに、対立の回避を最優先させる若者たちの人間関係を「優しい関係」と呼んだうえで「いじり」という言葉にも触れ、次のように述べる。

〃かくして「優しい関係」を営む子どもたちは、いじめて笑い、いじめられて笑う。傍観者たちもまた、それを眺めて笑う。互いに遊びのフレームに乗りきり、彼らが「いじり」と呼ぶような軽薄な人間関係を演出することで、いじめが本来的に有する人間関係の軋轢が表面化することを避けようとする。〃（P．32）

被害者が甘んじて受け入れてしまう、そして加害者は世間が想定するほど加害的ではない、少なくとも本人たちは認識していない可能性が高いということが、ここでも提起されている。

自ら加担してしまう生存戦略

キャラ設定の中でも、典型的なシチュエーションにおける典型的なキャラがある。男性が圧倒的多数を占める中に若い女性が一人放り込まれたとき。「男性化」「おもしろい子化」するというのが、女性の一つの生存戦略となる。

つまり、下ネタＯＫ、職場で寝るのＯＫ、仕事が恋人みたいなことを言う、コイツには何を言っても許されるキャラを演じる……といったことをして、メンバーに入れてもらうわけだ。自分を例外扱いしてもらうことで認めてもらう。第二章でも触れた、〝名誉男性〟による例外戦略だ。

もちろん、天性の場合もあるだろう。演じているという感覚、戦略としてやっている感覚はない場合も多い。しかし、被害者側が名誉男性扱いやマウンティングを読み取り、ある種の共犯関係において「いじり」を甘んじて受け入れているというケースも多いだろう。

大手メーカー総合職のナナさん（34歳女性）は、入社してからの自分自身と上司や男性の先輩たちの社内でのやりとりを「ロールプレイ」と呼ぶ。

ぷんぷんって怒るところまでロールプレイですよ。ある程度の年齢のおじさんって生意気な感じの女子が好きじゃないですか。ちょっと頭良くてかわいげのある女子が好きみたいな。

たとえば私、性格がガサツなので、お前「女子力」ナイナイいじりというか、「そんな雑で結婚できんのか」「彼氏いるのか」とか。めちゃくちゃお酒飲むので、そういうこととか、「家のことできるのか」とかですね。そういうときに「そういうこと言わないでくださいよー」みたいなところまで、そういう反応してあげないと盛り上がらないみたいなところあって。本当これ、なんていうロールプレイなのかなぁって思いながらやってます。

ナナさんのケースはある程度自覚的に「おじさんたちが好きな女子」に自分を合わせており、さらに自虐が状況に加担している側面がある。

自分でも、飲みすぎて（電車を乗り過ごして）終点まで行っちゃったとか、自分の大学時代のモテなさぶりを露呈したとか、あえて自分を一段も二段も下げて話していたところはありますすね。職場で日中でもやりますね。「合コンさしすせそ」じゃないですけど〝さ〟すがですね、〝す〟ごいですね、〝そ〟うなんですね〝知〟らなかったです、勉強不

足でしたーみたいな。

男性に好かれるために無知なフリをする女子がいるという現象は、今にはじまったことではない。しかし、ここは職場で、彼女たちは本来、男性と同じように仕事で成果を上げることを期待されている総合職。そこで彼女たちは男性にモテようとして知識がないフリをしているのだろうか？　そうではない。

ベテランの人が多い職場なので、入社してすぐは仕事をお願いしてやってもらわないといけないんですね。社内で他の人に。でもこんな小娘からものを頼まれたくない。入社した時に「お前の仕事はオヤジに仕事をさせることだからそのために女性性を使え」と言われて。

普段から下手《したで》に出ますね。あなたのこと脅かさないから協力はして、と。私はあなたの敵じゃないよ、あなたが戦うような相手じゃないよ、みたいな。自分より上の女性がいるときにはより一層拍車をかけますね、あなたと競り合うような者ではありませんと。

マイノリティがマジョリティを脅かす存在になると、排除するような行動が起こりやすいということを第二章で書いた。これを見越して、排除されないように下手に出ておくのがナナさんの仕事をする上での生存戦略だった。

ナナさんは同性に対してもこの戦略を使っており、また男性同士でもこうした〝ロールプレイ〟は大なり小なりあるだろう。これで円滑に仕事がまわるのであれば良さそうな気もするが、ナナさんは「消しゴムのように自分が減っていく感覚がある」と言う。

私は受け流せる性格で、こういう感情労働してリターンがあればまぁいいか、我慢代だと思っていますが、それでも生存戦略まちがえたかなと思うことはありますね。でもどうしたらよかったのか。それ以外の生き延び方も分からない。

例外戦略は機能しているのか

上野千鶴子氏は『女ぎらい』の中で、ミソジニー（女性や女らしさに対する嫌悪や蔑視）を自己嫌悪として経験しないための「例外」戦略として、「できる女」戦略と「ブス」の戦略があるとする。「できる女」戦略は、名誉男性となり、自身を女性カテゴリーの劣位に置くもので、「ブス」の戦略とは、女性カテゴリーからドロップアウトして女としての値踏みから免れるものである。

アンケート回答者の中にも、意識的に例外戦略を受け入れているように見えるケースがある。

職場で、同じ年の女性（可憐な感じの事務スタッフ）は、なおこちゃん、という風に下の名前、経営コンサルタントのわたしは『ドカベン』風に「やぁまだ〜」と呼び捨て。当初は職場の花として女性扱いされるより、いじられはするが、同等のプロフェッショナルとして扱ってもらっている感じはしたので、さして文句を言わなかった。めんどくさい女、と思われたくなく、サバサバして度量のある女性を演じてしまったため相談もしなかった。

次第に、目の前で、「うちの職場には花がない」「花は花でも、やまだじゃ、便所の花、あはは〜」などと5〜10歳上の男性先輩社員たちに冗談を言われて、ほとほと嫌になった。毎日会社に行くのが億劫になり、転職した。

（コンサルティングファーム・42歳女性）

いじられキャラの総合職女性たちは「できる女」戦略と「ブス」の戦略の間を取ったような戦略を立てているようにも見えるが、上野氏が「けっして『仲間』と認められることはない」というように、必ずしもそれがうまく機能しているとはいえない。

セクハラ、下ネタOK

女性が男性文化に合わせる行動の中で、象徴的なのが、セクハラに対する反応だ。ヒアリングした女性の中には、明らかにセクハラに引っかかることを言われても、怒らず、むしろ笑いの取れる切り返しをするというケースがあった。

そうした会話を本人も楽しんでいるのかと思いきや、「それが私の自然体ではないので、頭フル回転でコメントしています」という。「頭フル回転」のコメント返しが、おそらく、返されたほうからすれば「この子は下ネタOK」認定につながるだろうし、場合によってはむしろ喜んでいるように見えて、どんどんセクハラ発言が助長されている可能性がある。

なぜそこまでして空気を読んでしまうのか。そこで出てくるのが「空気を害して仕事に影響が出るのを防ぐため」「嫌われないことで、仕事に集中できるように」というロジックだ。前述の「ハラスメント認識調査」でも、次のような声が寄せられている。

自分の職場は完全に男性社会なので、むしろ自分からハラスメントを許容するようなこ

とをしないとやっていけなかったりします。たとえば下ネタについていったり、カラオケで積極的に上司とデュエットしたり、お酌したり、などなど。もう慣れました。（30代女性）

かなりハラスメントに許容度が高い会社で新卒から働いています。主にセクハラに対して許容度が大きい女子になることは自分の居心地の良さにも繋がるため、少し腹が立つことがあっても笑顔で受け流す術が自然と身についてしまいました。（40代女性）

しかし、無駄な労力に女性たちは疲れ、時には、かえって仕事に支障をきたすような精神状態に追い込まれていく。

「仕事で見返す」ことはできるか

『現代ビジネス』で記事を出したときには、こうしたいじりへの対抗策として「仕事ができるようになる」ことが一番ではないかというコメントが見られた。

確かに、ヒアリングした中には「新入りのときはコミュニケーションでしか相手に印象を残せないと思って頑張っていたけど、仕事の成果が出てきたらそれで認識してもらえるようになった」という事例もあった。社内の男性陣を黙らせるような優秀さが、問題を解決することも状況によってはあるかもしれない。

しかし、女性の場合、たとえば仕事を頑張ってトップの営業成績を収めると、今度は「女を使っている」「上司の愛人」などと根も葉もない噂を流され、さらにやっかまれたというケースも散見される。仕事でかえって非の打ちどころがないからこそ、自らのプライベートをいじって貶めるという構図も発生している可能性がある。

医療系の専門職であるクミコさん（32歳女性）は25歳ごろから、同僚や上司から「化粧が下手」「私服がダサい」「だから男ができない」などと言われ続けているが、上司から評価されるようなことがあると、今度は同期から「女子だから特別だ」とか「色気を使った」などと言われるという。

もともと男勝りの性格のため話しやすいと思われているとは思います。笑って応対するため嫌な気持ちであることが伝わらないことが原因だと思う。

仕事で見返そうという気持ちはあるが、後輩に厳しめに指導をしていると「生理だろ」などとからかわれる。職場では男性の不倫自慢や女性上司の悪口などもはびこっており、たまにむなしい気持ちになるという。

仕事は好きなのでなんとか馬鹿にされないように見返してやろうと思って頑張りました。でも、頑張ってもどうせ女子だからとか仕事と関係のない部分での評価で馬鹿にされると何を頑張っていいのか、頑張っている意味がどこにあるのか分からなくなります。

「自意識過剰かも」「自分が弱いせい」の自責

「ハラスメントは受け手の感じ方次第」というセクハラに対する認識も、さらに被害者の声を上げげにくくしているかもしれない。

私が実施した「ハラスメント認識調査」でも、何人もの女性から「自分は気にしないが、後輩の女性がされたこととして相談を受けたらどうかという視点で見るとまた変わってくる」という回答が寄せられた。

つまり、「全然気にならない」タイプも確かにいるわけだ。このことが逆に被害者に「自分が気にしすぎなだけでは」と思わせてしまう余地がある。

厚生労働省のセクハラ基準では労働者の主観を重視しつつも、一定の客観性が必要とされている。何をハラスメントにするかについては牟田和恵氏は『部長、その恋愛はセクハラです！』の中で主に男性に対して「まったく客観性もないのに、相手の変な受け止め方のせいでセクハラにされてしまうという心配は不要」と述べている。

しかし、牟田氏も、実際は真っ黒なセクハラは少なく、女性が相手を配慮してやんわり事をおさめようとする態度や、場合によっては喜んでいるように見せるなどの相互関係の中で複雑に起こるグレーゾーンが大半だとしている。

不動産関連の企業に総合職で入ったサトミさん（25歳女性）は、新卒で入社し配属されたのち、上司に「女の子の営業はいらないって人事に言ってたんだけどな〜。でもまぁ○○（サトミさんの苗字）だったからよかったよ」「かなり営業成績がいいあの人も、中身は男子だな」、別の先輩からは「君たちの代に女の子なんていたっけ？」「うちのチームの女子って、誰のこと指して言ってるの？」などと言われた。


女性であることが認められていないかのような空気を感じていました。営業として仕事をし結果を出す、つまり「売る」ためには女性と思われていないような扱いを受けなければいけないのだ、とサバサバできるよう心がけ自分の心を削っていました。そういった発言を否定できずニコニコ笑ってやり過ごしたり、冗談にのって楽しく話しているように見せかけていました。

あくまでも周囲が冗談として言っていることに対して、真面目にとりあって抗議の声を上げることは「自意識過剰だと思われるんじゃないか」「その結果、職場に居づらくなったり、面倒を見てもらえなくなるんじゃないか」という恐怖がありました。

大学の研究室で先輩や同僚に「ブス」と言われるユウコさん（30歳女性）も、明らかに相手に非があっても自分を責める。

なぜそこにいるだけの、何も悪いことなんかしていない女性の見た目をいじり貶めることができるのか、言葉にできない怒りも湧いてくるけど、そんなこと言わせないくらい私の頭が良かったらなぁとか、可愛くて美人だったらなぁとか、コミュ力が高かったらなぁと未だに思います。それがさらに苦しいです。

やる気があったって業績を出したって、女にはそんな必要なくて、可愛さとコミュニケーション能力しか必要とされてないんだ、とつくづく嫌な社会、生きづらい社会だと感じました。

痴漢や強姦などの性犯罪でもよく引き合いに出される「被害者側にも落ち度があったの

では」という論理。いじりのようなハラスメントの場合は、定義の曖昧さと発生するメカニズムの複雑さによって、当事者もハラスメントと言えるのかどうか分からないことが多い。

状況と受け手にもよるという認識は被害者を救うこともあるだろうが、一方で「自分の態度が悪かったのではないか」「そんなことで不快に感じるなんて自意識過剰なんじゃないか」といった疑念が時に被害者本人の自問として浮かび上がってきてしまう。

さらなるいじりへの恐れ

いじりの場合、まともに怒ると「へ〜気にしてんだ」といった、より一層厳しい「いじり」の報復が来ることもある。それを恐れて声を上げられない場合もある。研究室でいじりにあった前出のユウコさんは次のように語る。

男性の助教と女性職員にブスいじりをされ、笑うしかありませんでした。その場の空気を悪くしてしまうかも、というよりも、どんな状況でも彼らには逆らえないという雰囲気でした。キレられるかもしれないし、次の日から無視されるかもしれないし、ますます「ブースブース黙れ」とブスいじりがヒートアップしてしまうような、そういう恐怖があ

りました。相手のことを仕事ができる賢い人なんだと勘違いしていたので、尊敬しなければと（自分に）言い聞かせているうちに自分を見失いつつあったと感じます。どう対処したらいいのかまったく分からなくなっていました。自分がつらいかどうかも分からなくなっていました。

また、容姿についてのいじりを人に相談すること自体にも抵抗感があったという。

ブスいじりについては誰かに相談すると、その相手にもブスだと再認識させてしまう恐怖がありました。また、こいつブスって言われてやんの、みたいな他の人からの更なるいじりが発生しそうで怖かったです。

きちんと声を上げる手段があり、それが組織で適切に受け止められ、改善される環境があること、それが難しければ旧態依然とした雰囲気の会社から逃れても働ける様々な選択肢が男女ともにあることが望まれる。

コラム③　いじり文化では女性管理職は増えない

総合職女性に対する矛盾した、そして直接仕事と関係のないいくつもの期待、そしてその一つである美しさで勝負できないようであれば、「いじられ」に徹しないといけない構造。聞き取りをしていると、誰もが社名を聞いたことがあり、当然女性活躍推進法の対象（従業員３００人以上）で、女性活躍やダイバーシティを掲げているような企業の社員からも、悲鳴が上がっている。

個を尊重しなくては意味がないダイバーシティ推進の流れの中で、大企業の足元は大丈夫か。その組織風土は、女性活躍をいくら進めようとも離職率はおそらく下がらないし、女性管理職を生まないし、おそらく男性のメンタルヘルス問題も確実に多く、明らかに組織として生産性が低い。

日本の女性管理職比率は12％程度と先進国の中で非常に低く、女性活躍推進法でこの引き上げを目指す企業も多い。女性管理職が少ない理由は、採用時点での母数が少ないということに加え、離職率が男性より高い、登用率が男性より低いということに分けられる。

離職率が高いのは、出産や配偶者の転勤などのライフイベントがあるからだろうと思われがちだが、実はそういったライフイベントはきっかけにすぎない。キャリア展望が描けないといった理由が日本の女性は欧米に比べて大きい[7]。

登用率が低いのはなぜか。私はいつも意欲、スキル、ネットワークの三つを理由に説明している。意欲については、長時間労働前提の職場で管理職になりたいと思えない、などの環境的な要件によって「冷却」させられていることに加え、女性の方が社会的に自分に自信がない傾向にあることが指摘されている[8]。

スキルについては、二つの問題がある。一つ目は、まず女性の方が過去辞めやすかったからなどの〝統計的差別〟により、男性よりも成長機会を与えられておらず、実際にスキルが低い可能性があるということ。そして、二つ目は、仮にスキル

7 大沢真知子『女性はなぜ活躍できないのか』（東洋経済新報社・２０１５年）等

8 クレア・シップマンほか『なぜ女は男のように自信をもてないのか』（ＣＣＣメディアハウス・２０１５年）など

9 Science faculty's subtle gender biases favor male students Corinne A. Moss-Racusin, John F. Dovidio, Victoria L. Brescoll, Mark J. Graham, and Jo Handelsman（2012)、ギンカ・トーゲル『女性が管理職になったら読む本――「キャリア」と「自分らしさ」を両立させる方法』（日本経済新聞出版社・２０１６年）など

がまったく同じだったとしても女性や、欧米におけるアジア系、アフリカ系などマイノリティの方が低く評価されるという〝無意識の偏見〟の問題がある[9]。

そして最後にネットワークについては、師弟関係が得づらく、引き上げてもらったり情報を入手したりする〝仲間〟に入りづらいという問題がある。

女性がいじられ役となるのは、これらの三つの観点で見てもやはりあまり得策ではない生存戦略だと思う。下ネタOKにしたところで、名誉男性として仲間に受け入れられているかというとそうではない。あくまでも女性はいじられる側であっていじる側には立つことはない（名誉男性として特別扱いされればそれでいいかというとそれはそれでただの同化でありダイバーシティの観点からは課題が残る）。

敵でないことを示すために卑下して振りまく自虐ネタは、自分の自信をすり減らし、相手からの評価を下げるだろう。〝無意識の偏見〟どころか、意識的に成長機会や昇進機会を減らされる可能性がある。

日本企業の間に「ダイバーシティ」という言葉はだいぶ定着しつつあるが、海外や日本の先進企業では、単に多様性があることだけではなく、その多様な個がそれぞれに尊重され、自分らしい価値を発揮できる「ダイバーシティ&インクルージョン」が目指されている。

天性の性格でそのままいじりを受け入れられるというケースももちろんあるだろうが、女性たちが過剰に、周囲を盛り下げないよう嫌われないよう、「コイツには何言ってもいい系女子」を演じ、結果的に自らを傷つけている状況は、組織としてもおそらく生産的ではない。女性たちも、空気を読みすぎて自滅する戦略に身を投じるのは止めた方がいいし、そうしなくても仕事が円滑に進むような職場が増えることを祈る。

「セクハラだ、上司が悪い、男が悪い」と単純化するつもりはない。問題の根底には、組織への同化が優先され個が尊重されないカルチャーがあるはずだ。そしてやはり女性の数が少ないと、とやかく言われやすいという面もある。働き方改革、残業削減も大いに結構。ただ企業にはこんな観点でも、女性活躍やダイバーシティを今一度見直してみてほしい。

第四章　いじりの帰結
何をもたらすか

いじりが心身を削る

本書の取材を通じて改めて感じたのは、こうした「いじり」が深刻なメンタルヘルスの悪化につながっているケースがあるということだ。

最初のインタビューは、以前から面識があった年下の知人で、第一〜三章にも登場したアキナさん（25歳女性）だった。一連の質問を終え、最後に、社内でセクハラホットラインに連絡を促すとか、転職を促すとか、何か具体的に脱出するための一歩を一緒に考えてからSkypeを切ろうと思って私はこう言った。

——さて。何か、打開するためにできることはありますかね。これは質問ではなくて、一緒に考えられたらと思うんだけど……。何かアクションを起こす、声を上げるということをしたほうがいいくらい、今、つらい状況ではないですか？

このときまで、事の深刻さにまだ私は鈍感だったと言わざるを得ない。「今は元気なので」と彼女は笑った。「私の中で解決したから」。

——それって解決したの……？　職場の雰囲気は変わってないいんだよね？

解決……全然してないんですけどね。

そこから出てきたのは、私の思っていた以上に深刻な事態だった。上司・同僚の態度や雰囲気は今も変わっていない。部署異動もしていない。ただ、彼女が「私の中で解決した」というのは、彼女側が精神的にギリギリのところまで追いつめられるような状態ではなくなった、という意味だった。

最悪のケースとしての自殺・自殺未遂

２０１６年５月。大手メーカー子会社で営業として働いていたアキナさんは、上司や先輩男性からの度重なる「いじり」で、涙が止まらなくなっていた。ある日、駅のホームで線路に飛び込もうとする。通りすがりの人に腕をグイッとつかまれ、「やめな、そういうの。若いんだから」と言われたという。

——腕をつかまれてハッと我に返ったの？

いや……我に返ったという感じじゃないんですけど……そう言われて、そうだなと思っ

てはい、分かりましたって……。

つまり、ぼーっとして気づいたら飛び込もうとしていたというよりは、死のうとして飛び込もうとしていたのだ。

当時、相談できた先輩が一人いたんですけど、病院に行けって言われて「病院に行って診断されて休職ってなったら、またそれで馬鹿にされるから嫌です」って言ったくらい、私、判断力落ちてたんですよ。

からからと笑うSkype越しの声。実際に目の前にいてもそうはできなかったかもしれないけれど、抱きしめられない距離にもどかしさを感じた。その腕をつかんだ誰かがいなかったら。そう思うとぞっとした。私は今アキナさんと話していないかもしれない。心底、その誰かがいてくれてよかったと思った。

高橋まつりさんに自らを重ねる女性たち

アキナさんの当時のTwitterやＬＩＮＥを見せてもらった。

一瞬、ニュースでみた、2015年に過労自殺をした電通新入社員の高橋まつりさんのTwitterかと思ったほど、二人のTwitterの雰囲気は似ている。

それもそのはずだった。アキナさんが呟いた。

まつりさん、知り合いなんですよ。直前までやり取りしてましたから。

アキナさんは、実は亡くなった高橋さんの1歳下の友人で、同じ年に社会人になり、直前まで非公開Twitterでやり取りをする仲だった。（以下はこの頃のアキナさんのTwitterと彼氏宛のLINEである）

楽しいとかつらいとか疲れたとかいう感情は、その人が積み重ねてきた人生によってどんな時どういうレベルで感じるか異なる絶対的なものだと思っているので、「お前より大変な人はたくさんいる」「俺が若い頃はもっと辛かった」と言うおじさんたちがどこでつらいの相対評価基準を会得したのか本気で知りたい（アキナさんのTwitter）

はあもう死にたいもうむりだー。向いてない、とか向いてないと思っちゃいけない、とかできない、とかできないのは自分のせい、とか、誰も救ってくれる人いないとか、救ってくれる人いないのは自分のせいとか人に甘えちゃいけないとかむりです。わたしはいま「いま死んだら、まったく最近の子は弱いねと思われるいやだ」の気持ちだけをモチベーションにいきてます（彼氏宛のLINE）

暗い顔すんなって怒られたんだけど、自分がしてることが誰も喜ばせてないと感じてるのに明るい顔できない笑（彼氏宛のLINE）

上司の上司で尊敬してる人に「君は女性として魅力的じゃないよね、俺が魅力的だと思うのは○○さんとか○○」と言われたので資格とったらこの会社辞めようと思う（アキナさんのTwitter）

わたしが死んだらZさん（彼氏の名前）不幸だよね。（彼氏宛のLINE）

この頃、就職してから励まし合っていた高橋さんとは、半年ほど連絡が取れなくなっていた。

前の年の12月にぱたっと連絡とだえて、忙しいのかな、どうしたのかなと思ってたんですよね……。

アキナさんは遠距離恋愛中だったというが、彼氏はこのLINEを受け取った1週間後に心配してアキナさんのところに駆けつけている。そのときの彼氏宛のLINEは「遠いところ来てくれてありがとうね。のんびり充実しててほんとよかったね。途中しょぼしょぼしててごめんね。がんばる！」というものだ。

こうした存在がいなかったら、頑張れなかったかもしれない。

8月の夏休みで少し落ち着いたというアキナさんは、10月にまつりさんの件を報道で知った。

……それ（報道を見たこと）もあって、あぁ死んじゃダメだって思いました。

今は飲み会に極力参加しないようにし、職場の人たちとは心理的距離を置くようになったという。

第一章に登場したアイリさん（25歳女性）も、高橋さんと面識があった。

まつりちゃんの報道を見たときが一番ショックでした。そこで初めてTwitterで書かれてることとかも知って、自分も同じようなこと書いてるんですよね。Twitterに〝働くために生きてるのか、生きるために働くのか〟とか。私も危なかったな、一歩間違ってたら、って……東大卒女性、ってニュースで流れるたびに、自分のことのように感じていました。

高橋さんのお母様である高橋幸美さんと代理人弁護士である川人博氏は共著『過労死ゼロの社会を』の中で、高橋さんが亡くなった理由を10あげている。

1番目は最大の原因として過酷な長時間労働・深夜労働により、うつ病を発病し、判断能力が落ちたこと。2番目に挙げられているのが「上司がまつりさんをサポートするどころか、『残業代が無駄だ』『女子力がない』などとパワハラ・セクハラ発言を繰り返し、精神的に追い詰めたこと」だ。
高橋さんは11月には組合、人事、部長とも面談を実施しており、自身ができることは万策つくしている様子があるが「上長からの逆恨みがあったらと思うと怖くて何もできない」ともスマホに遺している。

〈ケース〉高橋まつりさんに共感する女性たち

『現代ビジネス』で原稿を書いて以降、私のもとには直接面識はないものの、高橋まつりさんに自らを重ねる女性たちからのメッセージが届いている。

記事を読み、本当に胸が痛みます。子どもを持った今はより、自分の子どもがもしこのような状況になったら、とも思います。電通だから、エリートだから、ということはありません。まだ右も左も分からないひよっこで、言われたことはそのまま受け取ってしまう年代です。私はドクターストップがかかりましたが、それでも「頑張らなきゃいけないんです！薬を出してもらって続けられませんか？」と医師に言いました。そのとき、医師は「やってもいいけど、もって2ヵ月。そしてその後あなたどこかに飛び込むよ」と言われました。私は「いやいや、死なないし死にたくないし（笑）」なんて言うほど自分では元気だと思っていました。自分では気づかないんです。私はまつりさんは直接の知り合いではないですが、まつりさんも気づかないうちに周りは暗闇しかなくなったのだと思います。こんな思いをする人がいなくなることを願っております。

（コンサルティングファーム・31歳女性）

残業など労働超過も重なり、職場で過呼吸を発症しました。救急車で病院に運ばれました。数日休暇をもらい職場に復帰しましたが、その後半年間にわたって月に1～2回ほど過呼吸の発作を繰り返しています。この1～2ヵ月は比較的症状は落ち着いています。自分は精神的に強いし、図太いと思っていました。本当はそう思い込みたかっただけでした。元来の負けず嫌いな性格もあります。たくさんの言葉が少しずつ私の心を削り、最終的に折れてしまったように思います。女であることがこれほど足かせだと思うことはなかったです。それと同時にそんなことを思うようになってしまったことが悲しかったです。

私が倒れた時期がちょうど、高橋まつりさんが亡くなった時期でもあります。ニュースで報道されていた彼女の Twitter のつぶやきは私の状況と似ているようにも感じました。年齢も一緒で、社会人になった時期も一緒です。昨年から、当社でも「働き方改革」が始まり残業管理などが大変厳しくなっています。私も長い残業はできず、職場から離れる時間は長くなりました。それで解決したかのように思われてるようですが、労働時間や仕事量が問題だったわけではないとはっきり自覚しています。記事を読んで涙が止まりませんでした。私が感じていたことを、ちゃんと認めてもらえているような気がして、他にも経験者がいると知って救われた気持ちになりました。同時に悲しくもありました。

（不動産関係・25歳女性）

ドクターSTOPで休職

自殺未遂まで行く前に、産業医などの診断で休職する被害者も多い。

コンサル勤務だったマリナさん（31歳女性）は「人の3倍くらい怒られたり、分からないところを質問すると本を投げつけられたり、外見のこともよく言われて、自分のことが大嫌いになりました……」という。

顔立ちのせいか「元キャバ嬢」「今も夜の副業してる」などと言われ、黒くて長かった髪は短くするなど工夫はしたが、それでもいじりはおさまらず、「整形しようかとシミュレーションしてもらった」「女だからこんなに目立ってしまうのであれば、男になりたい」と思い詰めるようになった。

入社9ヵ月で眠れなくなり、どうやって笑顔を作るのか分からなくなった。今日こそ休もうと毎日思いながら、ようやく病院に行ったときのこと。医師に「過労だから休むように」「電車に飛び込みかねない」と言われ休職することになった。

ミナミさん（23歳女性）は新卒で服装自由の会社で働きはじめたが、毎日のように上司らからファッションいじりを受けた。

女性ファッション誌『CanCam』（小学館）に載っているような若い人向けの服を着ていると「色気づいてる」などと言われ、カジュアルな格好をしていると「今日は地味だね」。仕事が忙しく服装に気を遣う余裕がなくなると、「気分が服装に出るね」……。どう返していいかわからずにニコニコしていたが、朝、服を選ぶときに思い出し、知らず知らずのうちにストレスを抱えていた。

「そういういじりを気にしない人もいるじゃないですか。わたしもそうだったらよかったのかなって。むしろ男性の輪にハブられず入れてうれしいみたいな人。軽いコミュニケーションとしてかわせればよかったのかなって」と、ミナミさんはひたすら自分を責める。

上司から適切な指導を得られないと感じることが多かったこともあり、産業医から「過度な不安、過度な緊張状態で自分に自信をなくしている」と指摘されるまでに至り、休職した。

元気づけようとキャバクラへ

体調の悪化に対して上司の対応が適切でなく、事態を悪化させる場合もある。ハルヒトさん（33歳男性）は政府系機関で働き始めたとき、仕事の手際や電話の応対などで怒鳴られ続け、数日後に耳が聞こえなくなった。

連日の長時間労働で体は疲れ切っていたが夜も眠れず、食事ものどを通らなくなっていた。上司に「体調不良のため帰宅させて欲しい」と相談したところ、上司は早く帰らせるどころか、ハルヒトさんを夕食に連れ出した。

もしかしたら上の世代はそういう対応を上司から受けて、それで活力を得たのかもしれないです。恐らく上司は本気で自分のことを元気づけようと思ってやったんだと思う。

男性は性経験をいじりのネタにされるだけでなく、実際に強要される場合もある。その日、ハルヒトさんは上司に外国人キャバクラに連れていかれた。店の女性について「抱けるのか、抱けないのか」といったやりとりをしたのち、ディープキスを強要されるなどし、帰宅は未明に及んだという。

体調も優れない中で非常に辛く、翌週から職場に行けなくなりました。

上司は、自腹でキャバクラに連れて行き、もしかしたら本当に部下への「愛」あっての行動だったのかもしれない。しかし、強要される側にとってはもはや暴力だ。ハルヒトさんは当時結婚を約束していた彼女が「私が稼ぐから辞めてもいいよ」と言ってくれたことで救われ、その後しばらく休職した。

職場から心理的距離

今回の取材を通じて、Skypeインタビューを実施して実際に話をしたのは13人。このうち休職した（している）人は4人、転職を決めた人が4人。夏休みなどで心を落ち着かせ、何とか休職をせずに職場との距離をうまく取れて継続している人が3人、「そこまで思い詰めるほどの環境ではないです」という人が2人だった。しかし、同じ会社で働き続けているケースも、職場の人たちとは心理的距離を置き、会社への忠誠心は希薄になっている。当たり前だ。

取材をする過程で、「いじる側だってちゃんと言う相手は見極めている」「本当にデキない人にお前はデキないとは言えない。いじられるのは、認められてる証拠」といういじられ側から見たいじる側の論理を聞くこともあった。「(これはハラスメントではないかと)気を使ってばかりで言いたいことも言えない職場は息苦しい」という声もちらほら聞いた。

でも、それが積もり積もって相手を破壊していたら。それは職場のコミュニケーションという潤滑油を通り越して、個人及び組織の生産性を明らかに下げることになる。

日本の会社というのは、ある程度プレッシャーをかけながら年功序列でピラミッド型組織を作っていくために、同期を競争させ、ふるいにかけていく側面がある。社内政治もあるだろうし、多少のことは乗り越えられる人材だけ残ればいいということなのかもしれない。

だとしても、個人をつぶして最適化していくことが果たして正しいのか。そして、こうしたハラスメントは生産性をどれだけ下げているのか。今一度、ハラスメント、そしてメンタルヘルスを傷つけることの被害の大きさに目を向けてほしい。

家族にできることの限界

いじりがつらいとき、被害者が相談する相手は職場の少し上の先輩、配偶者などのパートナー、女性の場合は同じような立場の同期や同僚というケースが多い。いじりの内容が容姿などであれば尚更、親を悲しませるのではと懸念する向きもあり、実家の親などに相談するケースは少ない。

私が話を聞いたケースでは、メンタルヘルスが悪化したときに、女性の場合、彼氏や夫、そして男性の場合、妻が、職場から距離を置くうえで非常に重要な役割を担っていることが多い。

とりわけ男性の場合はハルヒトさんのケースのように共働き前提の婚約者が「私が稼ぐから、そんな会社辞めてもいい」と声をかけ病院に行って休職することを手助けするなど、生計維持プレッシャーを緩和するような形でパートナーの支えがあると状況を脱しやすいように見える。

ただ、家族に頼らなければならない構造は危険でもある。あるアンケート回答者の夫妻は、夫が7年にわたり職場でいじりを受け続けている。唯一相談できる相手が妻だったが、妻のほうが病んでしまう状況になっているという。

（夫）

いじりをしてくる相手以外に迷惑をかけたくないので粛々といじりを受け続けていま

す。また相手が経営者なので職も失いたくない。

（妻）

夫はなぜか友人には愚痴を言ったり相談したりしない（できないのではなく、しないのだと思う）ので、私が夫のゴミ箱のようになっていて、このままでは私が電車に飛び込むと思って今年一度切れました。ただ、私が聞いてあげなければ夫が死んでしまうかもと思い、今も我慢して愚痴聞き役に徹しています。

家族に頼らないといけないほど深刻な状況は、家族がいない人、そして相談を受ける家族をも追い詰める。家族にできることには限界もある。産業医や他の窓口などに安心してアクセスできること、そこで適切な対処をしてもらえることが非常に重要だ。

声を上げず、静かに離職していく被害者たち

第一章で触れたタカユキさん（36歳男性）は、社内の窓口、社外の窓口にそれぞれ相談をしたが、社内のセクハラ窓口からの回答は「状況は把握しましたが、本件に関してかかわった社員への人事処分はできません」というものだった。

結局、妻に「限界かもしれん」とすべてを話し、休職。病院に行って薬を処方してもらい、その後退職をしている。人事も上司も、休職や退職の本当の理由は知らないという。

別にもっと会社にこうしてほしかったとは思わないです。体育会系の会社で、雰囲気についていけなかった、なじめなかった。会社に変わってほしかったわけでもないです。世界が違ったのかなと。

タカユキさんのように転職できる力があったり、相談できる配偶者がいたりする場合はこのように組織には問題が認識されないまま、静かに去っていく。

職場で声を上げた前例を見て、口をつぐむケースもある。チナツさん（33歳女性）は最近まで働いていた大手マスコミで、飲み会で手を握られる、妻子持ちの先輩に迫られる、上司に「どこが感じるの？」などと聞かれる……など数々のセクハラやいじりなどを経験したというが、表立って声を上げなかった理由について次のように語る。

入社したての頃、ちょうど四つくらい先輩の女性たちがセクハラを訴えたのが話題になっていたのですが、どちらかというと女性のほうが騒ぎすぎみたいな噂の回りかたになっ

ていて。そういう風に刷り込まれていたので、先輩に相談しただけで、部長や人事には言いませんでした。訴えた女性の先輩たちについては、直接知り合う前に「あの人はヒステリックな人」と色々な男性の先輩から聞いていたので、かなり先入観が入ってしまいましたね。

新卒の若者を採用し、〝白紙〟の状態から教育していくのが良しとされてきた日本企業。若手のいる前で、先輩のふるまいについてつべこべ言うことは、「お前はそのようになるなよ」という暗黙的なメッセージになる。

勇気を出して声を上げたところで、加害者に対しては大したお咎《とが》めなく、声を上げた側が非難されるような噂を流す環境が、被害者を沈黙させる。

結局、被害者は声を上げずに、静かに会社に失望し、職場に幻滅し、仕事を辞めていく。その実態は、決して「ダイバーシティ推進」を掲げる上層部には届かない。

チナツさんが辞めた会社では、女性が転職や留学などで会社を辞めるときですら、表向きは「寿退社」ということにされたという。そうすれば、上司は「自分にはどうにもできなかった」と言えるからだ。結婚の予定がない場合、「転職先のベンチャー企業の社長の愛人らしい」と噂を流された女性もいる。

チナツさんは次のように憤る。

結婚を考えている相手は確かにいましたけど、結婚くらいで会社辞めるような生半可な覚悟で仕事してないのにそういうことにされて。そのときにもう本当にこの会社辞めることにしてよかったと思いましたよね。

女性の就労については、M字カーブ（女性の労働力率）が改善してきているとはいえ、企業ごとに見れば「女は辞めやすい」という認識はいまだにある。表向きは結婚、出産、配偶者の転勤などのライフイベントを理由にしつつも、本当の退職理由は、職場の中、そして社会にすら根深く埋め込まれているのではないか。待機児童対策、育休等の両立支援策、働き方改革――どれも必要ではあるが、根底に流れる女性蔑視やハラスメントへの認識を広めることも重要だ。

一方、離職するのは「逃げなのではないか」と捉えてしまう向きもある。現在転職を模索しているというミホさん（29歳女性）は次のように言う。

いじられの結果転職という道を選ぶのは「逃げ」なのではないか、いじられたくらいで

へこたれるなんて精神的に弱いだけなのではないか、嫌なら嫌と言えばいいのに行動に起こさない私が悪いのではないか、私が悲劇のヒロインぶっているだけなのではないか、といった思いに駆られることもしばしばです。

それは弱さではないし、逃げだとしても逃げてもいい。社会全体としても、転職しやすい社会にしていくことは苦しむ人が状況を脱出する選択肢を増やす。

〈ケース〉「いじり」のつらさは感情の否定

いじりで病む理由について、カウンセリングを勉強しているというある女性（38歳）は次のように自身の経験を分析する。

多分1984〜1987年頃、私が5〜8歳頃のことです。父と兄から「いじり」を日常的に繰り返されていました。具体的なことは覚えていませんが、何かちょっとしたことでからかわれて、私が泣いたり、やめてくれないことに対して怒ったりすると「泣くなんておかしい。怒るなんておかしい。ここは笑うところだ。この面白さが分からないなんてつまんない奴だ」といったことを言われました。

兄や父が加害者のはずなのにいつの間にか問題のすり替えが起きて私が悪者にされていることに理不尽さを感じつつ、私がおかしいのかも……と考えるようになり、やがて悲しみや怒りの気持ちを抑圧することができるようになり、「いじり」に「乗ってあげる」ことができるようになりました。

中野さんの「何言ってもいい系女子」の連載は読んでいてつらくて、新しい記事が出ているなと思っても数日読むことをためらうくらいなのですが、ああ、私は家庭の中の「何を言ってもいい系女子」だったのかと目の覚める思いでした。

感情というのは個人的なものです。「私」がどう感じたかは「私」にしか分かりません。私が「悲しみ」「怒り」を感じたことを否定することは兄や父はもちろん、他の誰にもできないはずでした。にもかかわらず、私の感情は否定され、無視されました。

私があの時つらいと感じた原因は「いじり」そのものはもちろんですが、感情の出口をふさがれたことだと考えています。あの時私は何を言われようと「私は嫌だ」「私は悲しい」「私は怒りを感じる」と主張して良かったんだな、それか、兄と父に言っても無駄だろうから別のところで発散すればよかったな、と思います。

環境に対して怒りや悲しみをぶつけたところで状況が変わるわけではありません。しかしだからと言って怒りや悲しみを表現せずにいるとストレスが溜まっていきます。自然に湧いた感情を原因そのものにぶつけるとトラブルになりますから、それ以外のどこかにぶつけて発散しないとつらくなるばかりで、いつか壊れてしまいます。周囲を見ても感情をぶつけることを我慢する人が多くて、とても心配です。

メンタルヘルスへの影響の男女差

本書に出てくる事例は、女性が多く、しかもそのほぼ全員が高学歴で、男性と同等に働くことが期待されている総合職の正社員だ。

女性の事例が多い理由の一つは、当初『現代ビジネス』での連載で女性の問題として書き始めたこと、そして著者の私がこれまでも女性活用について扱ってきたために、SNS等で取材協力を呼び掛けたときにそれに応じてくださったのが女性が多かったというこちら側のサンプリングバイアスがあげられる。

それに加えて、女性の被害の声が多い理由として論理的に考えられるのは、①女性のほうが特定の領域の被害に遭っている、②男性も同じように、あるいは女性以上に被害を受けているが、それに慣れてしまってあまりしんどいとは思っていない人が多い、③男性も同じように、あるいは女性以上に被害を受けているが、しんどいと思ってはいてもそれを誰かに言うことに対して大きな抵抗感がある、といった理由だろう。

私は①〜③それぞれの側面があるのだと思う。①については既に第二〜三章で触れた総合職女性の直面するダブルスタンダードなどがあげられる。②、③についてはどうか。

女性のほうがダメージが大きい可能性

いじりは男性的カルチャーの一部と考えられ、残念ながら男性のほうがいじられ慣れていることによりいじりに耐性がついている可能性がある。一方で社会人になってはじめていじりの洗礼を浴びる女性たちは非常に戸惑う。

いじられ側が複数であれば、仮にいじられたとしてもターゲットが分散されて痛み分けができるという可能性もある。しかしマイノリティとしていじられると、悩みを共有しづらい。

30歳前後の女性にヒアリングをしていると、「自分も無理をしていた時期があった」と語り出す女性は少なくない。「この人は男性の中にいることとか特に苦痛じゃないんだろうな」と見ていた女性にふと言われたことがある。「マイノリティでいることって、つらいですよね」と。女性が半数近くいる環境に移って初めて、こんなに安心感があるのかと気づくこともある。

もちろん、男性が何らかの要因で男性の中のマジョリティとマイノリティに分けられてしまったときは女性がマイノリティとして孤立するのと同じ現象が起こると考えられる。しかし、「いじり」が習慣となっている文化に長くいる場合、深刻化しない「いじり」ももしかしたら男性の場合多いのかもしれない。

そして、一般的に、女性の方が身体的に子どもを産める年齢などを意識しやすいため、ライフイベントに絡めたいじりが「洒落にならない」、つまり「いじり」がより堪えるという側面もあるだろう。

容姿、外見、キャラ……これらと相まって、ライフイベントについていじられるケースも多い。第一章と本章に登場した東大卒アイリさん（25歳女性）は次のように語る。

女捨ててるキャラみたいにいじられて、「東大卒だと彼氏の選択肢がないね」とか「男の方が引く」とか、私はそんなこと思ってなくても言われて。いい大学入っただけなのに、何がいけなかったんだろうと思いますよね。でもあまりにも忙しくて私生活も何もないと、自分でもたまにこれでいいのかなって思います。

同様に第一章に登場したヒカリさん（31歳女性）も、総合職女性の後輩について次のように語る。

その後輩もすごく美人なんですけど、自分に自信がなくて。仕事で評価してほしいけど、まわりからは「女性らしく」みたいなことをすごく言われるので、「結局彼氏がいない自分なんて女性としてダメなんだ」っていう感じで。「女として自分は欠陥品じゃないかと感じるんですけど」と言ってましたね。仕事のストレスプラスアルファで女性らしさみたいなところが重荷になるとメンタルに支障をきたすんだと思います。

特に女性は、一方で女性らしさを求められ、一方で女性らしさを禁止され、女性らしさを出さずにいればそれをネタにいじられる。これにプライベートやライフイベントに関するいじりを絡められてしまうから、人生そのものへの自信を失い、傷は深くなる。

女性特有のメンタルヘルス

精神科医である丸山総一郎氏編『働く女性のストレスとメンタルヘルスケア』（創元社・2017年）は、医学的観点に弁護士や企業人事の筆者も加えて働く女性のメンタルヘルスに焦点を当てている。

この本によると、2012年の「労働者健康状況調査」（厚生労働省）で、「職業生活で悩みやストレスがある」と回答した女性労働者の割合は61・9％。調査開始の1982年以来、この年初めて男性（60・1％）を上回っている。

精神障害の労災補償状況から発病の原因となった職場の出来事で、女性の割合が比較的高いのは「（ひどい）嫌がらせ、いじめ、または暴行を受けた（いわゆるパワハラ）」「セクシュアル・ハラスメントを受けた」「悲惨な事故や災害の体験、目撃をした」という項目だ。

この本に収録されている水野康弘氏・張賢徳氏の論文「働く女性のうつと自殺」（P.115）によると、「働く女性は『業務の性質よりも職場での対人関係にストレスを感じやすく、それがうつ病などの精神障害発症の危険因子になる』『制度や手続き上の不公平性より、自分が組織の中で他の人と等しく公平に尊重されて扱われていない』と感じる不公平性が労働者のうつ病発症の鍵となる」という。

これに加え、「ライフステージに応じた多様な役割を担い、多様なストレスや役割間のバランス調整に伴う負担、ライフサイクルに応じた心理的課題に同時に直面する」ことが女性ならではの要因とされている。

男性に問題がないということが言いたいわけではない。男性のほうが長らく過労やパワハラに晒され、実際に自殺者も多い。ただ、女性特有のメンタルヘルス要因があること、そして女性のうつ病や自殺防止の対策の必要性がこの本では語られている。

女性管理職の育成も結構。ダイバーシティ研修も結構。でも、足元で、もっとごく基本的なジェンダーについてのハラスメントがはびこっていないかについて、今一度企業は見直してほしい。

男性のほうが口にしていない可能性

男性も同じように、あるいは女性以上に被害を受けているが、しんどいと思ってはいてもそれを誰かに言うことに対して大きな抵抗感がある可能性についてはどうか。

「デブ踊れ！」などと言われ体調も崩していたトオルさん（第一章に登場・42歳男性）は次のように回答する。

男性の場合も声を上げられずに悩んでいる人は実は多いと思います。でも男にとって弱音を吐くのは悪と教育されてますので、なかなか言わないでしょうね。いじりといじめは紙一重と思います。

男性のほうがより生きづらいということに他ならないが、男性は口をつぐみ、ひたすら耐えるという被害者のほうが多いかもしれない。

アンケートに回答してくれた人の中でも、女性は長文を書いてくれるのに対し、男性は言葉少なに簡潔に回答するケースが多く、女性のほうがある種の雄弁さを持っているように感じた。

こうした男性の「吐き出せなさ」に加え、家族などに対する稼ぎ主意識、生計維持プレッシャーがあれば休職や退職などといった手段にも、より抵抗があると考えられる。こうしたことが重なり男性のほうが追い込まれやすいことは容易に想像ができる。

北中淳子氏は『うつの医療人類学』（日本評論社・2014年）で、うつは海外においては女性の病と認識されることが多いのに対し、日本では過労死・過労自殺をするのは男性が圧倒的に多く、うつも男性の病という認識が強いと指摘する。

また、日本の男性のうつの原因は「過労」として語られることがプロトタイプとしてストーリー化しているということだった。仮にいじめやいじりの問題、はたまたプライベートの問題があったとしても、過労で処理されている面もあるかもしれない。

多賀太氏は『男子問題の時代？――錯綜するジェンダーと教育のポリティクス』（学文社・2016年）のなかで次のように述べる。

〝男性性を体現できない男性たちは、しばしば、軽蔑されたり差別的な扱いを受けたりする。それはなぜなのか。男性支配の正当化という文脈で理解するならば、彼らの存在が男性支配の正当性を脅かすからである。〟（P.42）

〝男性が、女性よりも「弱みを見せられない」「競争に勝たねばならない」というプレッシャーに曝されやすいのは、男性支配を正当化し続けるために「支配者」らしく振る舞い続けることが求められているからであり、その見返りとして、少なくとも集団レベルで、男性は女性よりも多くの利益や権威を得られるからである。〟（P.47）

しかし、多賀氏も述べているが、また本来男性も多様な中で、こうした男性性を強いられる環境にいてそれを体現できない場合に「いじられ」側に常に置かれやすいタイプの男性がいることは想像に難くない。

これが男性の「生きづらさ」につながっており、男性カテゴリー全体では利益を得ているとはいっても個人レベルでは受容できない精神状態に追い込まれるケースもあるだろう。

コラム④ 男女対等世代に「女性性」を求める理不尽

女性の中には、「いじり」によって初めて、「女としての生きにくさ」を感じる人たちもいる。

私自身、「女の子らしくしなさい」「女の子なんだから」ということを一切言われずに育ち、電車通学をしていなかったことなどからか幸運にも痴漢などの性犯罪からも無縁であった。自分が女であるから何かに気を付けないといけない、女だという理由で何かを諦めないといけないという認識がないまま社会に出た。

私の場合は結婚・妊娠して「女であること」による大きな壁にぶつかった。この問題については前著『「育休世代」のジレンマ　女性活用はなぜ失敗するのか』（光文社・2014年）に詳しい。妊娠をするとマタハラに遭うケースも多く、育児とのジレンマにも苦しむ。

しかし、今回の取材を通じて、女性は出産するかどうかにかかわらず、働きにくさを感じざるをえない環境があることを痛感した。

そもそも一世代前までは、女性たちは社会に出る前から、折に触れ「女であること」を意識させられてきている。「女の子らしくあれ」「嫁の貰い手がなくなるから理系はダメ」「実家から通える範囲で進学を」「結婚したら三歩下がって夫を立てろ」……。

しかし、私が育休世代としている2000年代入社前後以降からそれより若い世代の総合職女性を取材している限り、もともとそのような「かわいらしくしていないといけない」というメンタリティはあまりないケースも多い。男性と対等に仕事をすべく会社に入ってきているのだ。

そういう男女対等志向の女性ほど、大学のサークルや会社に入った瞬間、急に求められる女性性や女子力に大きな戸惑いを覚える。

その理由は、単に女性性を求める上司・先輩世代と、女性性を求められたことのない若手世代のジェネレーションギャップだけではない。そこには、この世代が育った背景に、むしろ女性性を否定することで娘たちにジェンダーギャップを乗り越えさせようとしてきた母世代の怨念があるように思う。

どういうことかと言うと、一部の女性たちは、女性性を求められたことがないだけではなく、女性性を否定して育ってきているのだ。

『「育休世代」のジレンマ』では、「逆転したジェンダーの社会化」という概念を使い、かえって「男性化」する女性のケースを分析している。今回取材したアキナさん（25歳女性）も、それに近い背景を持つ。

――幼少期にご両親に女の子としてどうあるべきなど言われたことはありますか？

むしろ、女の子らしいものから遠ざけられていた気がします。なんでしょう、ピンクが好きっていうと、いや、水色でしょみたいな。

――誰に？

母ですね。母と姉ですね。女の子女の子している子とか物が二人とも好きではなくて。あまりスカートとかワンピースもはかせてもらえず。小学校5年くらいの時に周りの子が皆ヒールのちょっと入ったロングブーツ買ってもらっていて、私もはきたいと言ったら、「そういうチャラチャラしたものは身につけなくていいからスニーカーで動きなさい」と言われたこともありました。

女の子とピンクとお姫様願望については堀越英美氏著『女の子は本当にピンクが好きなのか』（Pヴァイン・２０１６年）など良書があり参照されたいが、私にも、25歳ごろまでピンクを好きと言ってはいけない感覚があった。

２０１８年現在20代後半30代の女性たちは、１９６０年前後生まれの親を持つ。

親たちが就職したのは雇用機会均等法以前。もちろん均等法施行後すぐに劇的に世界が変わったわけでもないが、結婚退職、女性は定年30歳という企業もあった中で、経済的自立を得られず様々に悔しい思いをしてきた母たちは、娘に希望を託す。

中学に上がる前から、大学は、将来の選択肢が広がるから、目指すなら一番上がいいというのはずっと言っていました。母がパートで働いた時の経験で絶対に子どもには正社員になってほしいと思ったみたいなんです。自分が契約社員とかパートで嫌な思いをしたのでちゃんとした大学に入ってちゃんと就職してほしいと。

その中で、女の子にお姫様願望を持たせずに自立してほしいゆえに、女性性を否定するような行動がとられていることがある。そうした世代に育てられた私たちは、女の子としてちやほやされることに対しての抵抗感がある。

女の子らしさを前面に出して生きていこうとしている女の人についていては母は嫌がっていましたね。小さい時から。それで男に媚びて、人の金で飯食っていくんでは

なくて、対等な存在として生きていってほしいっていう意味で、こういうブリブリしたのはダメっていう考え方だったと思います。

――誘導尋問になったら嫌なんだけど、大学時代も、社会人でも、そこで今更女子力求められることに対して、理不尽だと思いませんか。女子力を高める方向に行っちゃうのには抵抗感はありませんか？

ありますね。そこに媚びていくのって、自分の中で正しいのかなっていう疑問はあります。媚びることになってるんじゃないの？　っていう自分に対する自律心というか。正直あこがれもあるんだと思うんですよ。そういう可愛い可愛いって言われている子に対して。でもそういう風になったら負けというか。プライドが許さないよねみたいのはもしかしたらあるかも。

私はここに、「逆転したジェンダーの社会化」、つまり、女の子らしさをむしろ否定し、名誉男性を社会化する圧力がかかっていたのではないかと感じる。

そういう風に育ってきた女の子たちが、職場で女性らしさ、美しさ、色気を求められたときの、彼女たちの混乱、価値観の股裂き状態、社会への失望を、どうか考えてみてほしい。

第五章　いじりの対策
どうしたらいいのか

「いじり＝ハラスメント」言語化の意義

仏精神科医のマリー＝フランス・イルゴイエンヌ氏は、『モラル・ハラスメントが人も会社もダメにする』（紀伊國屋書店・２００３年）の中で「モラル・ハラスメント」という言葉が広がることによって「自分がこれまで職場でどのようなひどい目にあってきたか、声をあげて訴えることができるようになった」と述べている。

こうした言葉は、被害を受けている人がそれを表明する上での力となる。言語化することでその苦しさの正体が分かるというのは解決の一歩につながる。いじりをハラスメントととらえることについても、その状態が苦しいと感じながら、うまく言葉にできなかった人に、言語化の武器を提供できたらと思う。

とりわけ、いじりの場合は、人によっては自らいじられる側に飛び込んで行ってしまうことがあり、その態度によりハラスメントがさらに助長されてしまう。それゆえに、苦しさを感じていても訴えにくい。

イルゴイエンヌ氏は、モラル・ハラスメントを「仕事上のストレス」とは異なり、侮辱されること、そしてハラスメント＝「小さな攻撃を絶え間なく、何度も行う」ことで、「一見したところでは気がつかないほど小さな攻撃でありながら、被害者の心身に破壊的な力を持っている」とする。

いじりも、第四章で触れたとおり、メンタルヘルスの悪化、最悪の場合、自殺にもつながり得る。過労自殺について、北中淳子氏は『うつの医療人類学』（日本評論社・2014年）の中で、遺族や弁護士たちの過労自殺、過労うつ病をめぐる社会運動などが社会認識を広め、自殺対策基本法（2006年制定）や企業の精神障害対策を打ち出すうえで大きな意義があったとしつつ、長時間労働からの過労自殺という典型的なストーリーでは個々人の事情、数値化できない側面などが切り落とされてしまう可能性にも触れている。

つまり、日本の長時間労働による鬱、会社への忠誠からの過労自殺というこれまでのストーリーに乗っていない部分がおそらくあるはずで、そこを言語化しなくては病を予防したり回復したりすることから当事者を疎外することになる懸念もある。

私がまた別のカテゴリー化をすることで再びそこから零れ落ちてしまう人たちがいるのも承知だが、「いじりも人を傷つける」という認識が広まるとそれが第一の対策になると思う。

学校現場でのいじり対策

実は、学校現場での「いじり」にはじわりと対策の必要性への認識が広まっている。

新聞紙面などを遡ると、学校現場での「いじり」が問題視されはじめるのは、2006年当時現役高校生だった木堂椎氏が書いた小説『りはめより100倍恐ろしい』（角川書店・2006年）が契機とみられる。タイトル「りはめより」はまさに「（いじ）りは（いじ）めより」も、を意味している。

この本は軽快なタッチで中学時代にいじられキャラだった主人公が、高校ではいじられないように戦略を練るストーリーを飽きさせない展開で巧妙に描いている。その中で学校集団の閉鎖性や「いじり」特有のしんどさが浮き彫りになる。この木堂氏の秀逸な描写・分析によってか、これ以降、学校のいじめ報道において、たびたび「いじり」という表現が使われるようになる。

たとえば、2012年9月、兵庫県立高校2年の男子生徒（当時17歳）が川西市内の自宅で自殺した事件では、いじめていたとされる同級生が高校からの聞き取りに対し、「いじりと思っている」などと答えたと報じられている[10]。

この事件では、自殺した生徒が、同級生3人から「虫」「汚い」と呼ばれたり、教室のいすの上に蛾の死骸を置いたりするいじめを受けていたことが学校の調査などで分かったが、朝日新聞の記事では同級生側が「むかつく相手でも嫌いな相手でもなかった。ノリでやったみたいな、楽しいかなみたいな感覚」などと答えていることにも触れている。

こうしたいじり＝いじめの認識が広まるにつれ、学校現場では対策が打たれ始めている。２０１７年12月、毎日新聞[11]は山口県周南市で２０１６年７月に自殺した県立高校２年の男子生徒（当時17歳）が、一部いじめに該当する「いじり」を日常的に受けていたとされる問題について、次のように報じた。

〝県教委設置の第三者委員会がまとめた最終報告書によると、男子生徒は教室や部活動の場で、からかわれるなどの「いじり」を受けていた。生徒を「いじられキャラ」と見ていた教諭が話を合わせることもあり「男子生徒が苦痛を感じたと考えられる」と指摘していた。

県教委は、第三者委の調査と並行して改定作業を進めていた県いじめ防止基本方針に「『いじり』を受けた子どもが苦痛を感じればいじめ」「行き過ぎた『いじり』には、教職員が介入し、適切に指導する」などの文言を盛り込み、いじめにつながる「いじり」の早

10　２０１２年10月17日、朝日新聞　大阪地方版／神戸「川西いじめ『いじり』『ノリでやった』同級生聞き取り文書開示」など

11　２０１７年12月12日、毎日新聞　地方版／山口「県教委：『いじり』対策資料作成へ　研修での使用など想定　周南・高２自殺で」

期発見や対策を求めている。〟

「いじり」の議論は、2000年代にまず学校での中高生の問題として、それから第三章にキャラを演じる世代として触れたように、2010年前後に若者論として出てきている。このことを踏まえると、最初に分析対象とされたのは2000年代に中高生だった世代だとして、2018年現在、彼らは30代だと考えられる。

この世代が、30代の中堅社員となっている今、職場でも、いじり問題はもう少し認識されるようになってもいいはずだ。

職場のいじめ問題

職場でのハラスメントやメンタルヘルスの問題も昨今広く認識されはじめている。職場のセクハラ、マタハラ、パワハラ、モラハラ……職場においての様々なハラスメントを問題視する動きが浸透しはじめている。

セクハラは1989年に裁判事例をきっかけに流行語大賞に選出され、1997年に男女雇用機会均等法改正で明文化、2006年の改正で「女性労働者」だけではなく「労働者」全体が対象になっている。もう「セクハラ」という言葉自体を知らない社会人はいないだろう。パワハラも2003年ごろから、じわりと認識が浸透してきている。

ハラスメントとは、『大辞泉』によれば「嫌がらせ。いじめ」。つまり職場でのいじめがハラスメントということだが、では「いじり」はそれとどう違うのだろうか。まず、職場のいじめ問題がどのように認識されてきたかを振り返ってみよう。

職場いじめへの認知

東京管理職ユニオンは、1995年6月に4日間「職場いじめ110番」を設置。その成果を『たたかう会社員―「職場いじめ」完全撃退マニュアル』(自由国民社・1996年)にまとめている。

ここには4日間で683件の相談が寄せられ、その内訳は、女性401名、男性273名、性別不明9件。女性が多かった理由について、同著は職場が男性中心社会であること、女性はパートや派遣社員、契約社員で、いずれも女性の立場が弱いこと、そしてセクシャルハラスメントの相談が含まれていることを挙げている。

内容としては「噂を流す」が64件、「困難な仕事・過大なノルマを押し付ける」が61件、「仕事を取り上げる」が54件、「挨拶しない・口をきかない」が50件。

この本の事例をみていると、時代的背景もあり、経営者側が自ら解雇せずに辞めさせる

図13・個別労働紛争の相談件数

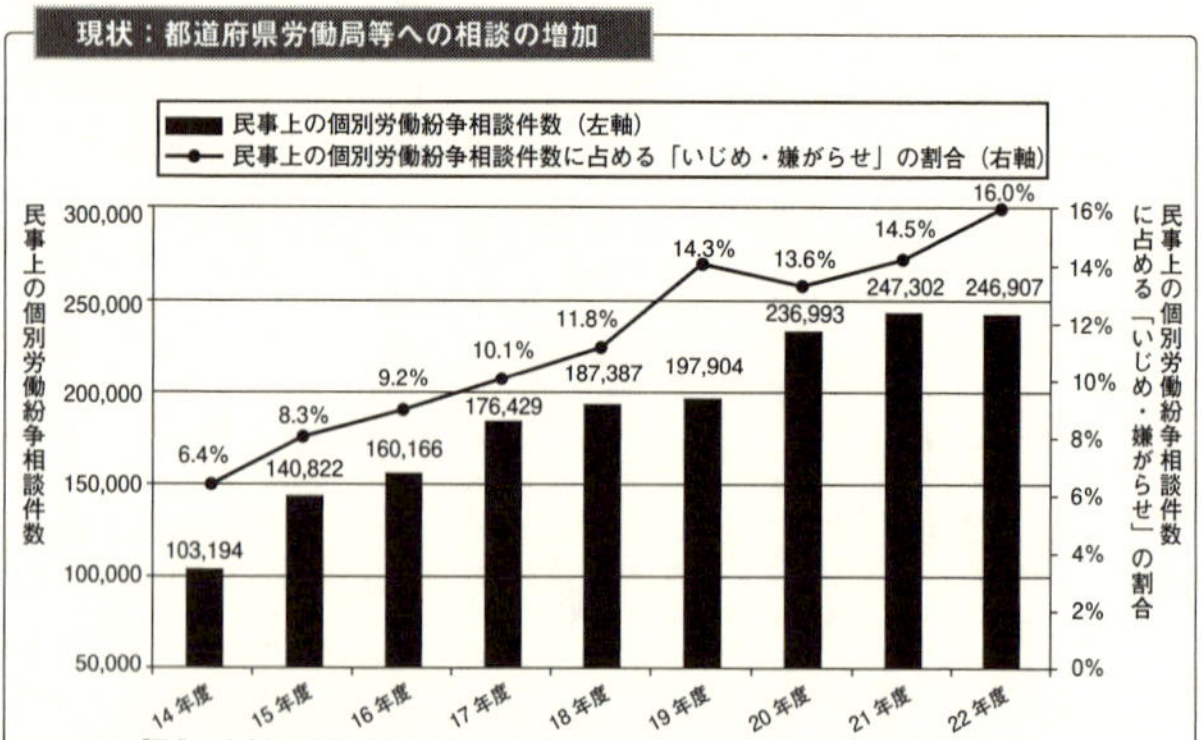

※1 「平成22年度個別労働紛争解決制度施行状況」（厚生労働省、平成23年5月）を基に作成。
※2 平成22年度は、上記の相談の中で、いじめ・嫌がらせに関するものは、解雇に関するものに続き2番目に多い。

職場のいじめ・嫌がらせ問題に関する円卓会議ワーキング・グループ報告参考資料より引用

ために退職を迫ったり閑職に追い込んだりと、ハラスメントをリストラの手段として使っているケースも多いことがうかがえる。

窓際族ならぬ机さえ与えてもらえない「バルコニー族」という表現も出ており、肩たたきに遭いやすい40～50代中高年サラリーマンが対象となりやすかった。

ユニオンという立場によるものもあるだろうが、この本では6割程度が「経営者対労働者」の問題だとされており、撃退法としても、退職や解雇を無効とする方法などが中心的に書かれている。

「職場いじめ一一〇番」から16年。

2011年、厚生労働省は「職場のいじめ・嫌がらせ問題に関する円卓会議ワーキ

図14・精神障害の労災補償件数

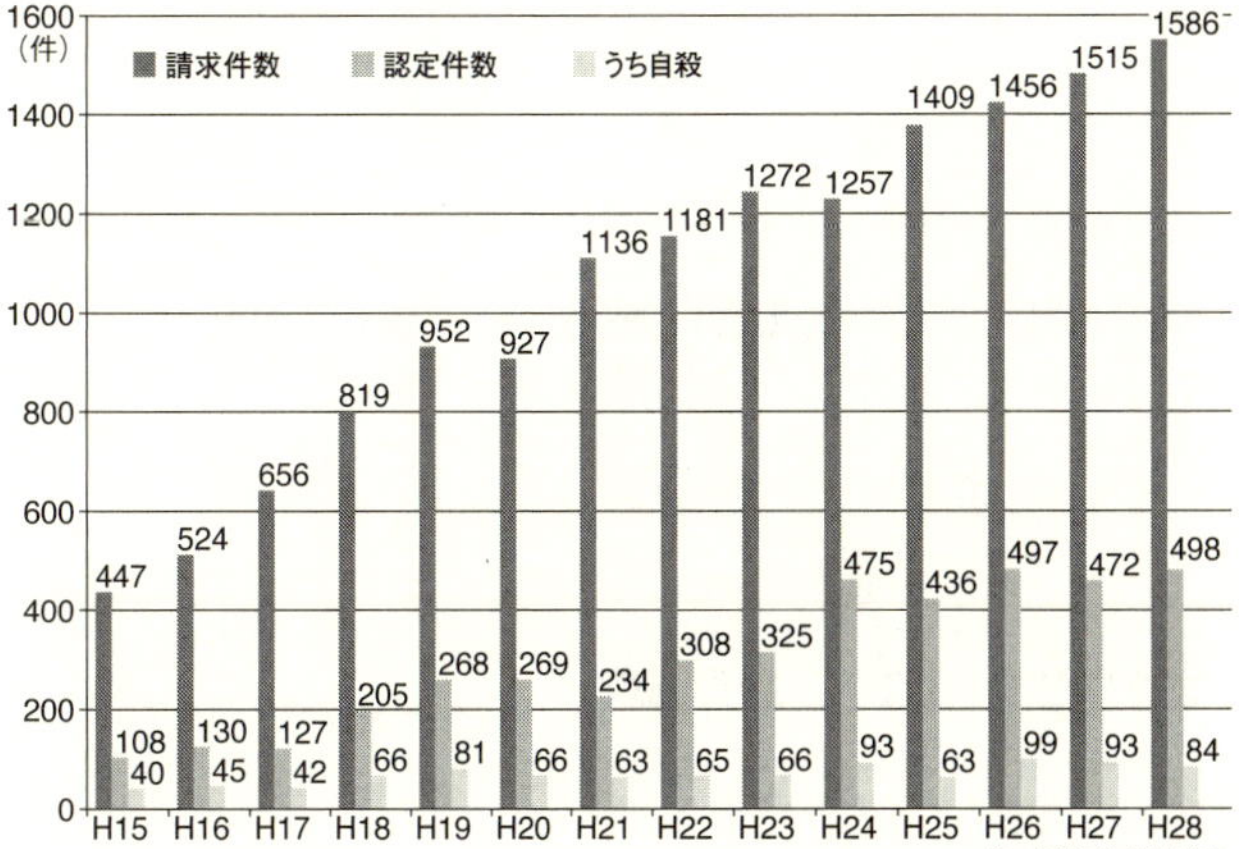

注：自殺には未遂を含む
厚生労働省「過労死等の労災補償状況」などにより作成

ング・グループ（WG）」（主査：佐藤博樹東京大学大学院情報学環教授）を立ち上げた。

背景として、「職場のいじめ」が減るどころか、認識される件数が増加し続けたことがある（図13参照）。都道府県労働局に寄せられるいじめ・嫌がらせの相談は、2002年に6600件だったものが2010年には3万9400件に増加。パワハラという言葉が認識され、企業側の対応への意識が高まってきたことがうかがえる。

自殺者数は年間3万人程度で推移。そのうち、雇用されている人たちの「勤務問題」は約1割。

精神障害の労災補償の請求件数も右

図15・職場のいじめ・嫌がらせの具体例（都道府県労働局での相談事例）

・都道府県労働局が取り扱った相談事例では、暴力、傷害、暴言、罵声、悪口、プライバシー侵害、無視、仕事を与えない等の相談があった。

身体的苦痛を与えるもの（暴力、傷害等）

○ 段ボールで突然叩かれる・怒鳴る
○ 上司がネクタイを引っ張る、叩く、蹴る、物を投げる
○ 0℃前後の部屋で仕事をさせられる

精神的苦痛を与えるもの（暴言、罵声、悪口、プライバシー侵害、無視等）

○ 客の前で「バカ、ボケ、カス、人としてなってない」
○ 社長の暴言「何でもいいからハイと言え、このバカあま」
○ 私生活への干渉
○ 部下への非難を言うミーティングを上司が行ったケース
○ ロッカー室冷蔵庫内の私物食品の盗みを疑われる
○ 仕事を取り上げ、毎日「辞めてしまえ」
○ 呼び名は「婆さん」・業務命令はいつも怒声
○ 同僚が手や髪の毛を触る、不愉快な発言

社会的苦痛を与えるもの（仕事を与えない等）

○ 社員旅行参加を拒絶される
○ 回覧物を回されない、暑気払いや忘年会によばれない
○ 中国転勤を断ったところ、仕事を与えず小部屋に隔離

＊　上記は、全国の47都道府県労働局のうち4局で2008年度に取り扱ったあっせん事例。「個別労働関係紛争処理事案の内容分析―雇用終了、いじめ・嫌がらせ、労働条件引下げ及び三者間労務提供関係―」（（独）労働政策研究・研修機構、平成22年6月）を基に作成。

職場のいじめ・嫌がらせ問題に関する円卓会議ワーキング・グループ報告参考資料より引用

肩上がりだ（図14参照）。精神科や心療内科についての偏見が減り受診しやすくなったことや労災請求がしやすくなったことなども背景として考えられる。

職場での「いじり」はパワハラに入るか

それでは、このように認識が広まってきた職場のいじめ問題に、「いじり」の要素は認識されているのだろうか。

厚労省の同WGの会議では職場のパワハラを、「同じ職場で働く者に対して、職務上の地位や人間関係などの職場内の優位性（＊）を背景に、業務の適正な範囲を超えて、精神的・身体的

苦痛を与える又は職場環境を悪化させる行為をいう」（＊上司から部下に行われるものだけでなく、先輩・後輩間や同僚間、さらには部下から上司に対して様々な優位性を背景に行われるものも含まれる）、と定義している（図15参照）。

ここで同WGは、職場のパワーハラスメントの行為類型を「職場のパワーハラスメントのすべてを網羅するものではないことに留意する必要がある」としつつ、以下としている。

類型　具体的行為

（1）身体的な攻撃（暴行・傷害）
（2）精神的な攻撃（脅迫・暴言等）
（3）人間関係からの切り離し（隔離・仲間外し・無視）
（4）過大な要求（業務上明らかに不要なことや遂行不可能なことの強制、仕事の妨害）
（5）過小な要求（業務上の合理性なく、能力や経験とかけ離れた程度の低い仕事を命じることや仕事を与えないこと）
（6）個の侵害（私的なことに過度に立ち入ること）

一部、（6）などの中にいじりについても当てはまるものもある可能性はあるが、「そこに愛があれば」「相手側が甘受しているように見えるから」「相手も一緒になって笑っているから」……といった理由で、いじりはパワハラではないと認識される可能性が高い。

しかし、いじりも、十分に人を苦しめるということは、学校現場や若者論としては既に議論されている。場合によっては、被害者側の態度がいじりを加速させてしまい、またそこから声を上げにくい状況に陥ったりして、木堂氏の小説、「（いじ）りは（いじ）めより」ということになるわけだ。

だから、職場で起こっている「いじめ」を「いじり」とすり替えて問題を矮小化するのではなく、「いじり」そのものの問題性をもっと強調していく必要がある。

加害者、周囲の方へ　まずは認識を

「職場のいじめ」の歴史をたどると、とりわけ不景気時には経営者によってリストラの一環として行使されやすい。海外諸国でもモラハラ、セクハラなど様々な問題が明らかにされている。

あらゆる集団において、何らかの排除的な行動が起こるのは生き物の性《さが》だという主張もある。中野信子氏『ヒトは「いじめ」をやめられない』（小学館・2017年）は、人には集団を維持するために、その協力関係を乱しそうな人を排除するための制裁行動を与えるメカニズムがあると脳科学の視点から論じている。

パワハラについては、加害者側の問題を指摘する産業医らも多い。荒井千暁氏の『産業医のファイルから——こんな上司が部下を追いつめる』（文春文庫・2008年）でも、冷たい、目線が落とせない、目的や構想を語らない、独断的であるなど部下を追いつめやすい上司の特徴が並べられ、とりわけバブル世代の「サークルの乗り」のままというような世代特有の指摘もしつつ、部下がつまずきやすいポイントについても論じている。

松崎一葉氏『クラッシャー上司　平気で部下を追い詰める人たち』（PHP新書・2017年）には、上司側と部下側の相性で「クラッシュ」が起こってしまうような事例や、何人も次々と部下を潰しながら出世していくような事例も出ている。

昨今社員のメンタルヘルス悪化による経営への影響が経営サイドにも認識されるようになり、こうした明らかな加害者は管理職として不適格とされたり、採用されなくなったりしていく可能性がある。

このような上司がいじりもしている可能性ももちろんある。しかし、「いじり」については、加害者側に明らかに原因になるような性質、意図があるとは限らない。木堂氏の小説でも描かれるが、元被害者が加害者側に回ることもあり、また元加害者が被害者になることもある。

　また、学校現場のいじめにも言えることではあるが、周囲で便乗していじるような人たちや、傍観者的な立場の人のふるまいこそが被害者を追い詰めることもある。そして、明らかな暴力などと異なり、加害者側に悪意があまりなく、被害者を苦しめている自覚がない場合も多い。

　私の『現代ビジネス』での連載に対して被害者側から「被害に遭わないためにはどうすればよかったのか分からない」「組織での生存戦略として何が正しいのか」と解を求めるコメントもいただく。もちろん苦しんでいる方には良い解決策を出せたらいいと思う。でも、被害者側が「どうにかすべきだった」と責められたり、「うまく対処するスキル」を身に付けることを求められたりするのではなく、認識のない加害者側にまず知ってほしいのだ。

　男性が女性に、先輩が後輩を……だけではなく、女性が男性に、男性が男性に、女性が女性に、後輩が先輩を、ということも大いにある。

　私自身も過去、学生時代、社会人になってから、他人を「いじる」のに一切加担してこなかったという自信はない。先輩が誰かをいじる、それを見ながら、そこで笑っているということで、誰かを傷つけていたことがあったと思う。

それに対する自戒の意味も込めて、誰でも加害者になり得るからこそ、問いかけたい。

「そのいじり、本当に大丈夫ですか？」と。

あなたが加害者でなくても、もし職場でいじられている人が周囲にいたら、①一緒になっていじったり笑ったりしない、②こっそり本人に「あれはやりすぎだよね。大丈夫？」と聞いてみてほしい。そして、本当にしんどそうな人には、医者に行くことや休職をも勧めた方がいい。

マイノリティ同士が対立しないことも重要だ。第二章で書いた「女の敵は女」のようにマジョリティ側の作った構図によってマイノリティ同士が比較され、対立させられやすい。ただその根底にはどちらに対しても蔑視があったりするので、扱いを超えて手をつないでほしい。

被害者の方へ　声を上げていい・逃げていい

「いじられキャラ」は生存戦略上、得策ではない。とは言っても、相手に悪意がなく愛がある場合もあり、最初はいじられる側も嫌ではないことも多いだろう。

あらゆる「いじり」がダメと言うわけではなく、言い返せる範囲だったり、本当に信頼関係がある場合にＴＰＯをわきまえて使い分けることができたりするのなら、問題はないかもしれない。

だから、いじりを一切なくすというよりは、加速・増幅させない、ハラスメントにさせないような方策が必要になるだろう。

被害者にこれからなりそうな人たちには、加害者側には時に本当に悪意がないので、自分の「拒否」の意思を伝えていってほしい。

その場で怒ると「なんだよ、冗談通じねぇな」と言った反応が返ってきてしまうようであれば、もちろんそれで「そんな冗談、２０１８年では通じませんよ」と切り返してもいいのだが、「これ以上」を防止する〝怒りの予告〟をするのも一手段だろう。

たとえば「はい、そこまではいいですが、それ以上言ったら、いじりもハラスメントになりますからね」「次言ったら本気で怒りますよ。キレたら私怖いですよ」などと真顔で伝える。

その場では笑って流してしまっても、「実は結構傷ついています」「ああいうの、本当は嫌です」と後から一対一やメールなどで伝えることも有効だろう。この本をすっと差し出す、机の上に置いておくという方法でもいいから使ってほしい。

本人に言っても止まらない、あるいは言えないような悪質なものについては社内外の相談窓口に告発してもいい。各都道府県労働局には「総合労働相談コーナー」があり、いじめ・嫌がらせについても面談・電話で専門の相談員が受け付けている。

今、既に〝いじられキャラ〟の悪循環にはまって苦しんでいる人には、全力で言いたい。そこで頑張らなくていい。「つまんねー奴」と言われてもいいから飲み会には参加しなくてもいいし、ある日怒り出してもいい。その職場から逃げてもいい。

私の取材の対象者の方でも、客観的に見てかなり危ない状態になりながら、「医者に行ったらまた馬鹿にされる」「私がこんなことで潰れるわけない」などと踏ん張っているケースもあった。

転職も選択肢の一つだが、いじりについては職場の関係で固定された役回りになってしまっていたり、いじり側といじられ側の相性が凸と凹のように妙に合ってしまって悪化したりすることがあるので、部署異動などで解決する場合もある。窓口になる側に認識が浸透することを祈るばかりだが、人事など適切に対応してくれそうなところがあれば異動希望などを相談してみてほしい。

本当にメンタルが悪化しているときはまずとにかく会社を休むことが必要だ。私の取材相手によれば、上司や先輩に相談しても「俺の時は……」と説教話を始め、あまり力になってくれないというケースが多かった。客観的に心身の状態を判断してもらうためには医者に行って診断してもらおう。「いやいや、会社休めるわけないし」「死ぬわけないじゃん」と思っているあなたも、お願いだからそこから何とか抜け出してほしい。

これから就職する人たちは、企業の規模やブランドに騙されずに、企業文化をよく見極めてほしい。OB・OG訪問などで、自分に合うかどうかをよく検討しよう。

企業（経営者・管理職・人事）の方へ　真のダイバーシティマネジメントを

最後に、この問題について、一番きちんと認識してほしいのは企業の経営者・管理職・人事だ。企業は三つの観点から、「いじり」をハラスメントとして認識し、対処してほしい。

一つ目は、人権保護であり、企業の義務の一環として。事業者には、労働安全衛生法で労働者の安全と健康を確保する責務がある。また、男女雇用機会均等法では、セクハラ防止のための必要な指導を講じることも義務づけられている。

ヒアリングした被害者の会社の大半は、社内にハラスメントやコンプライアンスを相談する窓口があり、被害者たちもそのことを知っている。ところが、まずその相談プロセスが不明確ゆえに加害者側への事実確認があり、そこから自分の告発が加害者に知られてしまうのではないかという懸念などから相談できていないケースが多い。

次に、相談したにもかかわらず、何の対応もしてもらえない、あるいは「君にも悪いところがあったんじゃないの」と責められるようなケースもある。単に窓口や担当者を置いただけでは事業者としての義務を果たせていない可能性がある。

相談して休職などの対応を取ってもらえたケースもあるが、その大半で「何が被害者を思い詰めさせたのか」という背景は必ずしもうまく伝わっておらず、解決もしていなければ加害者側に認識されてもいない。

いわばメンタル悪化までいかないと相談ができないし、対症療法的でその被害者を環境から引き離し（それ自体は重要であるものの）、ハラスメントが行われる構造や加害者側の認識は何の対処もされないままというわけだ。

根本的な環境改善や認識の浸透がない限り被害者は後をたたない。いじり、セクハラ等の一部として悪質なケースにおいては加害者側を異動させるなど処罰が必要になるということもあるだろう。

二つ目は、メンタルヘルス対策として。ある大手メディア企業の〝裏〟の採用基準は「鬱になりなそうな奴」だそうだ。でも、まず第一に鬱にならなそうな人を採ろうとするのではなく鬱になる環境そのものを改善してほしいし、第二に、その「コイツは大丈夫そう」という認識こそが、特定の若手をいじり等のハラスメントのターゲットにし、追い詰めていくことがある。

労働人口が減少する中で、これまでのように24時間闘える人だけが残っていけばいいという態度を取っていれば、企業自体が人材難に陥る。離職や休職は残った人の仕事量を増やし、モチベーション低下も招く。こうした人の流出とそれに伴う悪循環を防ぐためにもしっかり対策をした方が経営上の利益もあがるはずだ。

取材した人の中には、「以前はいじりのようなハラスメントをする上司がいたが、そういう人は左遷されていったので、今はそういったカルチャーがない」という優良企業に勤めている事例もあった。エンジニア中心で現場にいる人を大事にする会社だと言い、何人も部下のメンタルヘルスを悪化させるような管理職は評価されないという。

これに対し、被害を受けている人たちの企業では、加害者側が優秀だからという理由で改善を求められることを免れ、時には被害者側が責められたり「最近の若手はやわだな」と判を捺されたりするケースがみられる。

経営サイドや人事にはメンタルが悪化する側を責めるのではなく、社員同士のコミュニケーションやカルチャーを見直す必要性を検討してほしい。組織風土を変えるのは簡単ではないとは思うが、人事評価や何かトラブルが起こった時の対処方法を見直すことは必ず個人にも影響を与えるはずだ。

三つ目は、ダイバーシティの観点から。経営学では、属性（性別や人種など）の多様性よりも、経験・価値観などの多様性が高いことが組織のパフォーマンスを高めるという研究結果が出ている[12]。

しかし、多様な経験を持つメンバーが集まったら自動的にイノベーションが起こり、生産性が高まるかというとそうではない。せっかく多様な人がいても、それぞれの価値観や経験を生かした視点を発言したり行動に移したりできず、マジョリティの人（日本企業の場合、多くは日本人、男性、生え抜きの社員）に「同化」していては意味がないからだ。

海外のダイバーシティ推進は「ダイバーシティ&インクルージョン」と呼ばれることが多い。個がありのままに受け入れられ、尊重されるといった意味合いで「&インクルージョン」が必ず付け加えられる。

このインクルージョンの部分を進めるうえで重要になってくるキーワードが「心理的安

12　“THE ROLE OF CONTEXT IN WORK TEAM DIVERSITY RESEARCH: A META-ANALYTIC REVIEW” APARNA JOSHI and HYUNTAK ROH University of Illinois at Urbana-Champaign（2009）, “The Effects of Team Diversity on Team Outcomes: A Meta-Analytic Review of Team Demography” Sujin K. Horwitz and Irwin B. Horwitz（2007）など

全（サイコロジカルセーフティ）」というもので、ありのままの自分を認めてもらえていること、人と違ったことを言う・することや周囲に助けを求めるのに恐れを抱かずに済むことなどを指す。

心理的にこうした安心感を抱いている人は、働くモチベーションや会社に対するエンゲージメントが高いということを示す論文[13]があり、米Google社もチームの生産性を上げるにはチームメンバーの構成などよりも心理的安全が確保されていることが重要であるとの分析結果を発表している。日本も企業の成長のためにも、変わっていってほしい。

コラム⑤　声を上げるということ

27歳で出産し、29歳のときに、自身もワーキングマザーとなり、働く母たちの葛藤を描いた『「育休世代」のジレンマ　女性活用はなぜ失敗するのか』という本を世の中に出した。総合職正社員など比較的恵まれている条件の仕事を持ち、比較的若くして子どもを授かった女性15人へのインタビューをもとにしており、「子育て中だってやりがいのある仕事をしたい！」「勝ち組と見られる層にだって涙がある」という女性たちの声から、社会構造を分析した。

この本は修士論文をもとにしていて、批判に反論できるだけのプロセスは踏んで緻密に議論を進めたつもりではあった。でも、このとき、私は自分の言いたいことに対して、ある意味で〝無邪気〟だったかもしれない。

そのことに気づいたのは、主に氷河期就職世代の30～40代の女性からの「声を上げるなんて、勇気がありますね」という感想が多く寄せられてからだった。彼女た

13　Inclusive Leadership and Employee Involvement in Creative Tasks in the Workplace: The Mediating Role of Psychological Safety "Carmeli Abraham, Reiter-Palmon Roni, and Ziv Enbal（2010）

ちは、私の本に共感はするけれど、自分が言おうとは思わなかったというわけだ。その心は、「望んで仕事も子育てもしているんだから、つらいなんて言おうものなら欲張りと非難されそう」。自己選択ゆえに、そして相対的に恵まれているゆえに、「つらい」「しんどい」ということが言えないというわけだ。

その後、ジャーナリストとして様々な媒体に原稿を書き始めたが、Yahoo!ニュース個人に書いたある記事が非常に多く読まれ、朝日新聞にも転載された。タイトルは『3世代同居は子育て世代を救うか　誰も言わない「実母との確執」問題』。子育て世代にとって実母であっても祖父母世代との同居は難しい側面があるという話を書いた。この記事にも、多くの共感コメントをいただいた。皆が思っていたことと、皆が経験していたことだったのだろう。

でも、あまり皆その気持ちを言葉にして外に出してはこなかった。それは実母を責めたくないという複雑な思いもあるだろうが、実母のサポートを得られない人への配慮があるからだ。「あなたは実家が近くていいよね」と言われてしまう。ここでも「恵まれた者は口をつぐめ」といった抑圧がかかっていることを感じた。

働く母親として発信すると、「子どもが欲しくてもできない人もいるんですよ」

「正社員で働けているだけ、恵まれていませんか？」といった質問をされる。確かに、より弱い立場に置かれた人たちの生きにくさ、抱えている問題は、それぞれに解決される必要がある。

でも、相対的にもっと弱い立場に置かれた人がいるからといって、別のあるしんどさを抱えている人が、その絶対的なジレンマを口に出してはいけないということにはならない。そのジレンマを取り払うことで、相対的弱者をもっと貶めるという構造なのであればともかく、双方をそれぞれに解決する必要がある。

『現代ビジネス』で『「コイツには何言ってもいい系女子」が密かに我が身を切り刻んでいる件』を書いたときも同じことが起こった。その日のトップPV（ページビュー）となり、Twitterにあふれた感想は「あるあるすぎる」「自分のことかと思った」「はじめて自分の想いが言語化されているのを読んだ」。こんなに「あるある」なのに今までどうして皆声を上げていないのか。

その理由はそれぞれにあり、第四章を中心に分析したが、一般的に「昔はもっと大変だった」「もっとつらい人だっている」とか「そんな会社に入らなければいい。自己責任だ」といった批判はどんな問題でも出てくる。

でも、だからと言って問題ではなかったことにしていいのか。そういった世の中的な空気で声を上げづらいと考えている人に言いたい。言葉にして「これがつらい」と言うだけでも楽になる面もあるし、状況が整理されれば客観的に見ることもできる。それを発信したら、他の誰かが共感してくれ、支え合うことができるかもしれないし、その他の誰かを救うことになるかもしれない。

私が29歳のときに〝無邪気〟に発信した問題は、2018年初頭現在33歳の私からしたらまた別の見え方をしている。それでも、私はあの時に声を上げて、本を出してよかったと思う。むしろその時にしか発信できないことがあり、その時の言語化が、誰かを助けている可能性があると思うからだ。

2016年から、知人らと「カエルチカラ・プロジェクト」というプロジェクトを立ち上げ、女性を中心に問題を整理し声を上げるためのお手伝いをするオンライン塾などを開いている。日本人は、あまりにも我慢をしすぎていないか。色々な問題で泣き寝入りさせられている人たちがいる。もっと、嫌なことは嫌って言っていい。言えないならそこから逃げてもいい。言葉にすること、逃げるという行動を起こすことが、目の前の問題を変える力になる。

２０１７年、米国発で女優やスポーツ選手らの間でセクハラを告発する#MeTooの動きが広まった。もちろん性被害を中心に、口にすること自体が非常に苦痛を伴うものであり、それを強いるようなことがあってはならないし、必ずしもネットで告発すべきというわけではない。とりわけ、企業内で起こっていることについては、リスクを取って発信しなくとも、本来社内で適切に処理されるべきである。

でも、少しでも、様々な生きづらさに様々な形で声を上げられる人が増え、それが将来の被害を未然に防ぐことにつながればいいと思う。私もジャーナリストとして、直接スピークアウトできない人の代弁者になり、力になりたい。

あとがき

本著は『現代ビジネス』に掲載された連載に大幅加筆修正をしているが、一番最初に本件について書いた原稿（『「コイツには何言ってもいい系女子」が密かに我が身を切り刻んでる件』）を公開したとき、反響の大きさに驚いた。公開当日PVが1位になり、Twitterのコメントがしばらく止まらなかった。

こんなに苦しんでいる人たちが多いのに、あまり皆それを口にしていないのだと感じ、つらくなった。「古傷をえぐられる気分」「読むのがつらい」という感想もいただいた。

一方で、気づかぬうちにハラスメントをしていたかもしれないと感じた人も多かったようで、「これは気を付けないと」「猛省します」といったコメントも見た。もちろん女性も含め、誰もが加害者になることもあり得る。

なぜなら、こうした「いじり」は被害者たちが嫌だと声を上げておらず、場合によっては喜んでいるように見えるからだ。男女ともに、いじられることによって「仲間に入れてもらう」という一種の組織における生存戦略になっていて、本当に気にならない人との区別もつきにくい。だからこそ、気を付けてほしい。

これを読んでくださったあなた自身が被害者や加害者になっていなくとも、あなたの職場で、部下が別の部下にいじられて実はつらい思いをしているかもしれない。よかれと思っているコミュニケーションが、若手をむしばんでいる可能性がある。

おそらく職場での「いじり」は、昔からあった。あるいは、もっとつらいいじめ、パワハラがあったという主張は必ず出てくると思う。でも、昔からあったから問題ではないとか、昔と同じ方法を採っていれば解決すると考えるのは、二つの意味で間違っている。

一つ目は、ある程度同質な集団で暗黙的な了解のもとに、長時間労働やマッチョカルチャーを乗り越えられる人だけで乗り切ってきた時代から、明らかに状況は変化している。イノベーションが必要で、しかも人材確保が難しくなってきた昨今、企業には真のダイバーシティマネジメントや健康経営[14]が必要になっている。

私は2011年ごろから女性活躍やダイバーシティ、働き方改革について取材をしてきたが、とりわけ、女性の総合職が増える中で、このいじりの問題がいわば再発見されたのではないかと感じている。

14　従業員の健康増進を重視し、健康管理を経営課題として捉え、その実践を図ることで従業員の健康の維持・増進と会社の生産性向上を目指す経営手法のこと

この本の中で上がっている声なき声は、総合職女性という存在が企業に増えていく中で、複雑に発生した化学反応の結果であるが、マジョリティの男性社会にうまく混ざり切れないタイプの男性の存在にも光をあてることになるだろう。男女かかわらず、彼ら一人ひとりの個をきちんと尊重することこそが、日本の職場に求められている。

それは企業の生存戦略にもなる。私は2016〜2017年にかけて、厚生労働省「働き方の未来2035：一人ひとりが輝くために」懇談会、経済産業省「競争戦略としてのダイバーシティ経営（ダイバーシティ2・0）の在り方に関する検討会」などの委員を務めた。両会議ともに日本の未来に対する大きな危機感をもって議論がされているが、とりわけ経産省の会議では日本全体が海外に比べ「雇い負け」するという話も頻繁にでていた。

私自身、海外との比較でこの危機感を強く感じている。2017年春から、家族の事情でしばらくシンガポールに住み始めた。外に出て強く感じるのは、日本は非常に同質性が強く、それゆえに強烈な同調圧力がそこかしこでかかるということだ。シンガポールや香港などアジアで働く日本人女性からよく聞くのが、「何かと人の目を気にしなくて済むから働きやすい」「日本に帰りたくない」という言葉だ。

シンガポールや他のアジアの国がユートピアだというわけではないが、彼女たちがそう話す理由の一つに、「職場に着ていく服装やプライベートでとやかく言われない」というものがある。

ただでさえ人口が減っていくなかで、無駄に神経をすり減らし、人を流出させている余裕は今の日本にはないはずだ。外国人に来てもらう上でも、グローバルに展開していく上でも、働き方や職場のコミュニケーションを変えないといけない。

もう一つは、あなたの部下が育ってきた背景は、もはやあなたのものとは異なり、かつて成功体験をもたらした経験や同じコミュニケーションが今後も通用するとは限らないということだ。

ハラスメントの本質は相手の立場にたって気持ちを想像できないことにあると思う。あれをやっちゃダメ、これをやっちゃダメと禁止事項を増やしていっても、根本的な問題は解決しない。

いじりに関しては加害者を厳しく罰するなどの対策が効くとも思わない。すでにセクハラ、パワハラ講習をしていて、さらに「いじハラ（いじりハラスメント）」といわれたらげんなりすると思う。

だから、この本を読んで、多くの人に考えてもらえたらうれしいのは、相手があなたとは違う感じ方をする可能性がある、表面的に見えている世界、出てくる発言は、起こっていることのほんの一部分であり、その奥には複雑な理由や背景、構造が絡み合っているということへの想像だ。

「これを言われるのがあなたの娘だったら?」と想像力を働かせてほしいという気持ちもあるが、そもそも、想像できないようなことが相手に起こっている可能性も常に考えてほしい。あなたの部下は、あなたと同じ感じ方をするとは限らない。


新入社員、あるいは異動してきた若手や女性を受け入れる皆さん。はたから見ると〝コイツには何を言ってもいい系キャラ〟〝いじられキャラ〟が、密かに自分の身を切り刻んでいることがある。自分でも強いと思っている人こそ、ターゲットになりいじりが増長されると、メンタルヘルス悪化につながることがある。

仕事の指導や評価は当然、してもらってもいい。その中で叱咤激励もあると思う。フィードバックはしてもらえたほうがいい。でも、仕事以外のところでとやかく言われるのはあまりにも理不尽で、ストレスフルだ。

それぞれに個性がある人たちを年齢、性別などのカテゴリーだけで比べないでほしい。仕事と関係のない人格、見た目、人生でいじらないでほしい。指導、毒舌と、差別やいじめは別物だ。

講談社現代新書 2469

上《じょう》司《し》の「いじり」が許《ゆる》せない

二〇一八年三月二十日第一刷発行

著　者　中野《なかの》円佳《まどか》

発行者　渡瀬昌彦

発行所　株式会社講談社

東京都文京区音羽二丁目一二―二一　郵便番号一一二―八〇〇一

電　話　〇三―五三九五―三五二一　編集（現代新書）

〇三―五三九五―四四一五　販売

〇三―五三九五―三六一五　業務

装幀者　中島英樹

印刷所　慶昌堂印刷株式会社

製本所　株式会社国宝社

定価はカバーに表示してあります　Printed in Japan

N.D.C.102 178p 18cm

ISBN978-4-06-288469-3

「講談社現代新書」の刊行にあたって

教養は万人が身をもって養い創造すべきものであって、一部の専門家の占有物として、ただ一方的に人々の手もとに配布され伝達されうるものではありません。

しかし、不幸にしてわが国の現状では、教養の重要な養いとなるべき書物は、ほとんど講壇からの天下りや単なる解説に終始し、知識技術を真剣に希求する青少年・学生・一般民衆の根本的な疑問や興味は、けっして十分に答えられ、解きほぐされ、手引きされることがありません。万人の内奥から発した真正の教養への芽ばえが、こうして放置され、むなしく滅びさる運命にゆだねられているのです。

このことは、中・高校だけで教育をおわる人々の成長をはばんでいるだけでなく、大学に進んだり、インテリと目されたりする人々の精神力の健康さえもむしばみ、わが国の文化の実質をまことに脆弱なものにしています。単なる博識以上の根強い思索力・判断力、および確かな技術にささえられた教養を必要とする日本の将来にとって、これは真剣に憂慮されなければならない事態であるといわなければなりません。

わたしたちの「講談社現代新書」は、この事態の克服を意図して計画されたものです。これによってわたしたちは、講壇からの天下りでもなく、単なる解説書でもない、もっぱら万人の魂に生ずる初発的かつ根本的な問題をとらえ、掘り起こし、手引きし、しかも最新の知識への展望を万人に確立させる書物を、新しく世の中に送り出したいと念願しています。

わたしたちは、創業以来民衆を対象とする啓蒙の仕事に専心してきた講談社にとって、これこそもっともふさわしい課題であり、伝統ある出版社としての義務でもあると考えているのです。

一九六四年四月　野間省一

政治・社会

1145 冤罪はこうして作られる　小田中聰樹
1201 情報操作のトリック　川上和久
1488 日本の公安警察――青木理
1540 戦争を記憶する――藤原帰一
1742 教育と国家――高橋哲哉
1965 創価学会の研究――玉野和志
1977 天皇陛下の全仕事――山本雅人
1978 思考停止社会――郷原信郎
1985 日米同盟の正体――孫崎享
2068 財政危機と社会保障――鈴木亘
2073 リスクに背を向ける日本人　山岸俊男 メアリー・C・ブリントン
2079 認知症と長寿社会――信濃毎日新聞取材班

2115 国力とは何か――中野剛志
2117 未曾有と想定外――畑村洋太郎
2123 中国社会の見えない掟　加藤隆則
2130 ケインズとハイエク　松原隆一郎
2135 弱者の居場所がない社会　阿部彩
2138 超高齢社会の基礎知識　鈴木隆雄
2152 鉄道と国家――小牟田哲彦
2183 死刑と正義――森炎
2186 民法はおもしろい――池田真朗
2197 「反日」中国の真実――加藤隆則
2203 ビッグデータの覇者たち――海部美知
2246 愛と暴力の戦後とその後――赤坂真理
2247 国際メディア情報戦――高木徹

2294 安倍官邸の正体――田﨑史郎
2295 福島第一原発事故 7つの謎　NHKスペシャル『メルトダウン』取材班
2297 ニッポンの裁判――瀬木比呂志
2352 警察捜査の正体――原田宏二
2358 貧困世代――藤田孝典
2363 下り坂をそろそろと下る　平田オリザ
2387 憲法という希望――木村草太
2397 老いる家　崩れる街　野澤千絵
2413 アメリカ帝国の終焉　進藤榮一
2431 未来の年表――河合雅司
2436 縮小ニッポンの衝撃　NHKスペシャル取材班
2439 知ってはいけない――矢部宏治
2455 保守の真髄――西部邁

経済・ビジネス

350 経済学はむずかしくない〈第2版〉——都留重人
1596 失敗を生かす仕事術 畑村洋太郎
1624 企業を高めるブランド戦略——田中洋
1641 ゼロからわかる経済の基本——野口旭
1656 コーチングの技術——菅原裕子
1926 不機嫌な職場——高橋克徳 河合太介 永田稔 渡部幹
1992 経済成長という病——平川克美
1997 日本の雇用——大久保幸夫
2010 日本銀行は信用できるか 岩田規久男
2016 職場は感情で変わる 高橋克徳
2036 決算書はここだけ読め!——前川修満
2064 決算書はここだけ読め! キャッシュ・フロー計算書編 前川修満

2125 ビジネスマンのための「行動観察」入門 松波晴人
2148 経済成長神話の終わり アンドリュー・J・サター 中村起子 訳
2171 経済学の犯罪——佐伯啓思
2178 経済学の思考法——小島寛之
2218 会社を変える分析の力 河本薫
2229 ビジネスをつくる仕事 小林敬幸
2235 20代のための「キャリア」と「仕事」入門——塩野誠
2236 部長の資格——米田巖
2240 会社を変える会議の力 杉野幹人
2242 孤独な日銀——白川浩道
2261 変わった世界 変わらない日本——野口悠紀雄
2267 「失敗」の経済政策史 川北隆雄
2300 世界に冠たる中小企業 黒崎誠

2303 「タレント」の時代——酒井崇男
2307 AIの衝撃——小林雅一
2324 〈税金逃れ〉の衝撃 深見浩一郎
2334 介護ビジネスの罠——長岡美代
2350 仕事の技法——田坂広志
2362 トヨタの強さの秘密 酒井崇男
2371 捨てられる銀行——橋本卓典
2412 楽しく学べる「知財」入門——稲穂健市
2416 日本経済入門——野口悠紀雄
2422 捨てられる銀行2 非産運用——橋本卓典
2423 勇敢な日本経済論——高橋洋一 ぐっちーさん
2425 真説・企業論——中野剛志
2426 東芝解体 電機メーカーが消える日 大西康之

心理・精神医学

331 異常の構造――木村敏
590 家族関係を考える――河合隼雄
725 リーダーシップの心理学――国分康孝
824 森田療法――岩井寛
1011 自己変革の心理学――伊藤順康
1020 アイデンティティの心理学 鑪幹八郎
1044 〈自己発見〉の心理学 国分康孝
1241 心のメッセージを聴く 池見陽
1289 軽症うつ病――笠原嘉
1348 自殺の心理学――高橋祥友
1372 〈むなしさ〉の心理学 諸富祥彦
1376 子どものトラウマ――西澤哲
1465 トランスパーソナル心理学入門――諸富祥彦
1787 人生に意味はあるか 諸富祥彦
1827 他人を見下す若者たち 速水敏彦
1922 発達障害の子どもたち――杉山登志郎
1962 親子という病――香山リカ
1984 いじめの構造――内藤朝雄
2008 関係する女 所有する男――斎藤環
2030 がんを生きる――佐々木常雄
2044 母親はなぜ生きづらいか――香山リカ
2062 人間関係のレッスン 向後善之
2076 子ども虐待――西澤哲
2085 言葉と脳と心――山鳥重
2105 はじめての認知療法――大野裕
2116 発達障害のいま――杉山登志郎
2119 動きが心をつくる――春木豊
2143 アサーション入門――平木典子
2180 パーソナリティ障害とは何か――牛島定信
2231 精神医療ダークサイド 佐藤光展
2344 ヒトの本性――川合伸幸
2347 信頼学の教室――中谷内一也
2349 「脳疲労」社会――徳永雄一郎
2385 はじめての森田療法 北西憲二
2415 新版 うつ病をなおす 野村総一郎
2444 怒りを鎮める うまく謝る 川合伸幸

知的生活のヒント

78 大学でいかに学ぶか 増田四郎
86 愛に生きる——鈴木鎮一
240 生きることと考えること 森有正
297 本はどう読むか——清水幾太郎
327 考える技術・書く技術——板坂元
436 知的生活の方法——渡部昇一
553 創造の方法学——高根正昭
587 文章構成法——樺島忠夫
648 働くということ——黒井千次
722 「知」のソフトウェア——立花隆
1027 「からだ」と「ことば」のレッスン——竹内敏晴
1468 国語のできる子どもを育てる——工藤順一
1485 知の編集術——松岡正剛
1517 悪の対話術——福田和也
1563 悪の恋愛術——福田和也
1620 相手に「伝わる」話し方 池上彰
1627 インタビュー術!——永江朗
1679 子どもに教えたくなる算数 栗田哲也
1865 老いるということ——黒井千次
1940 調べる技術・書く技術——野村進
1979 回復力——畑村洋太郎
1981 日本語論理トレーニング——中井浩一
2003 わかりやすく〈伝える〉技術——池上彰
2021 新版 大学生のためのレポート・論文術——小笠原喜康
2027 地アタマを鍛える知的勉強法——齋藤孝
2046 大学生のための知的勉強術——松野弘
2054 〈わかりやすさ〉の勉強法——池上彰
2083 人を動かす文章術——齋藤孝
2103 アイデアを形にして伝える技術——原尻淳一
2124 デザインの教科書——柏木博
2165 エンディングノートのすすめ——本田桂子
2188 学び続ける力——池上彰
2201 野心のすすめ——林真理子
2298 試験に受かる「技術」——吉田たかよし
2332 「超」集中法——野口悠紀雄
2406 幸福の哲学——岸見一郎
2421 牙を研げ 会社を生き抜くための教養 佐藤優
2447 正しい本の読み方 橋爪大三郎